300

徽三百

江砚 著

中国出版集团 東方出版中心

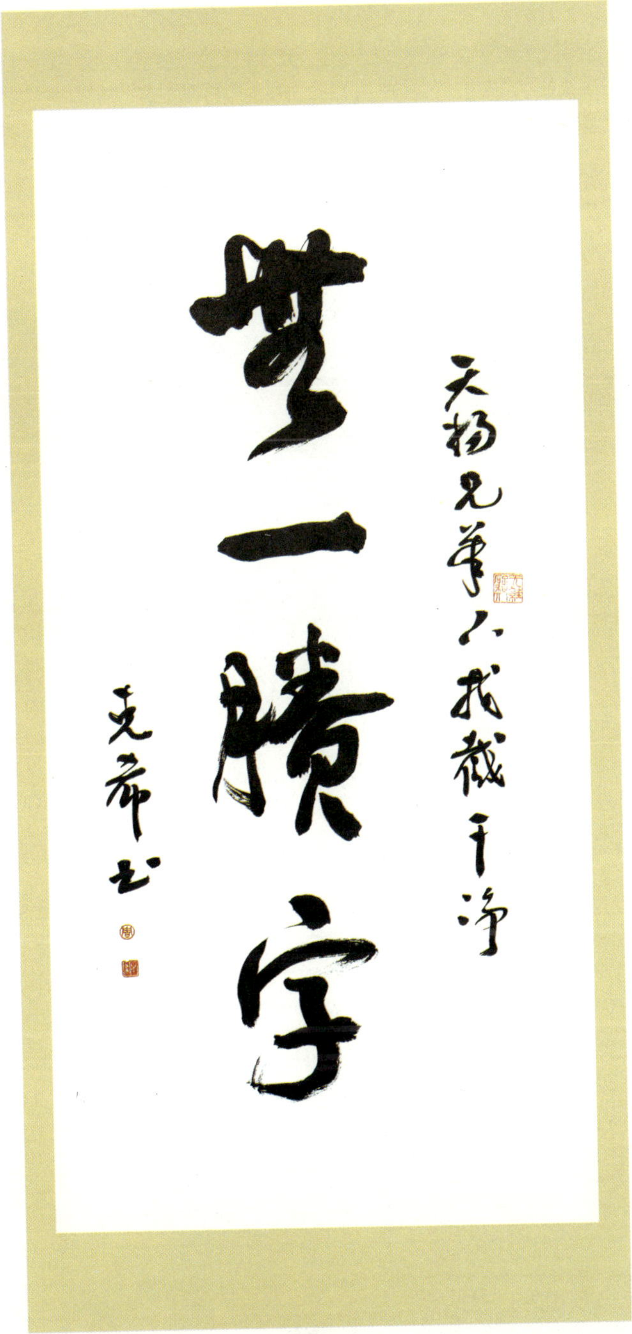

无一臜字——周克希 书

微三百——序

郑 重

老报纸的读者都有一种阅读习惯,打开报纸,首先要看自己欢喜的专栏,或者寻找自己欢喜的作者的文章,然后才回过头来阅读报道,更甚者只读专栏或作者的文章,得到某种精神上的满足,其他就忽略而不读了。这当然要看报纸专栏品位的高下及作者的影响力了。

有着这样专栏和作者的,要数《新民晚报》林放写的"未晚谭"了。

晚霞成绮,随着"晚报来了"的吆喝声,人们接过报纸,悠然打开,寻找那个编辑精致的专栏——"未晚谭",这曾经是上海街头巷尾有过的一片风景。林放是《新民晚报》老社长、前辈报人赵超构。他首创"未晚谭"文体,把作者与专栏融而为一,数十年如一日,以长短相当,温馨中含有辛辣韵味的文字,向读者献上一瓣心香,天下地上,人间冷暖,家长里短，无所不写。综观全貌，作者笔下拥有一个大千世界。如果说社论是一张报纸的灵魂，而“未晚谭”这类文章则是报纸的眼睛，就是这含情脉脉的眼睛，和读者进行心灵上的沟通和交流。

江山代有人才出。“未晚谭”的传灯接钵者江砚，是和林放隔代相传的报人，虽然有某种陌生，但并不疏远，仍然奉行着林放的遗风，摇笔婆娑，写起“微评”专栏文章了。江砚即是李天扬，当时还是《新民晚报》的后起之秀，才俊的一代。这里所说的“遗风”，也就是“微评”所传承的“未晚谭”的传统文字风格：短些短些再短些，软些软些再软些，以最短的文字，表述深刻的内核，寓讽刺于温婉之中。由于生存环境的使然，作者虽有洞若观火的敏锐，在表达时还要像个“文曲星”，藏其芒锋，隐其犀利。这样的写作，当然不是很畅快的事情，遣词造句，难免要花一些心血，搜索枯肠，像煲汤一样，文火细炖，慢慢炖出一些特殊味道来。也正因为这样，所以当江砚写的“微评”随着报纸飞入寻常百姓家时，给人留下了铭心的印象。

这些带着作者体温情感的文字，如今结集出版，手捧一卷，如见久别重逢的朋友，吮食咀嚼，芳香仍在。谁又能料到，这样的久别重逢，在重逢时就意味着相别，离愁难消，心中又泛起一阵萧索了。

二〇一七年十一月六日

微三百——目录

2012

2013

2014

2015

2016

徽三百——2011

要回应　不炒作

春节刚过，许多市民收到电费账单，发现电费突然大涨，有的翻了倍，有的创新高。由于此事涉及面甚广，顿时引发众人关注，议论纷纷。

发现电费支出猛增，第一反应，就是怀疑电表是不是出了问题。市民有此想法，是很自然的。对于这样的事，应该怎么办？

首先，要回应。这一点，从媒体到管理部门，都可谓反应迅速。媒体迅速报道、电力部门迅速答疑、质检部门迅速介入，这些，都值得赞赏。接下来，是要把回应这件事做好。

其次，不炒作。就是不夸大事实，不轻率下结论，更不能信谣传谣。随意发布“遥控电表”这样的无稽之谈，就很不负责任。对于市民的质疑，需要用事实、用科学道理来回应，而不是火上浇油，弄得市民无所适从。

电费突涨，事关群众切身利益。一定要本着科学、负责的态度来回应，有错纠错，无错，也要原原本本地把道理说清楚。只要管理部门的回应做到了取信于民，即使有个别人想炒作，也注定是徒劳的。

2011 年 2 月 16 日

马云为何“斩马谡”

昨天，一条新闻震惊互联网业界——阿里巴巴 CEO 卫哲、COO 李旭辉等辞职“谢罪”。

马云为何“斩马谡”？这两名高管所涉何“罪”？原来，阿里巴巴已经确定有 2300 多家供应商涉及全球诈骗。而调查显示，阿里巴巴的销售人员涉嫌“故意或疏忽地”容许骗子诈骗。这个问题的性质，不可谓不严重。马云让旗下两员大将“牺牲”，也就不奇怪了。

阿里巴巴表示，“公司决不能变成一家仅以赚钱为目的的机器”，马云在致员工公开信中要求“所有阿里人对不诚信行为采取零容忍态度”。

毫无疑问，上述态度是正确的。但是，“斩马谡”之举，会对阿里巴巴带来多大影响，还不好说。至发稿时，在港股早盘，阿里巴巴跌 8.7%。但这样的代价，是必须付出的。

其实，在阿里巴巴旗下的淘宝网上，欺诈行为也不少，对普通网友的影响面更大。淘宝方面是不是也“睁一眼闭一眼”呢？我们也期待马云早日给出答案。

推而广之，对不诚信零容忍，应该成为所有经商者的共识。

2011 年 2 月 22 日

家乐福与百思买

昨天，有两条关于国际零售业巨头的新闻。

其一，国家发改委昨日称，家乐福、沃尔玛等共19家门店存在价格欺诈，共罚款950万元；其二，百思买关闭全部9家门店。

读着这两条新闻，国人难免感慨，家乐福学坏了，百思买水土不服了。表面看起来，家乐福门店开了一家又一家，即使被罚，生意仍不错。真正输的，是百思买。难道，学坏才算“服水土”？

百思买突然关门店，事先未告知，有对顾客不负责任之嫌。但是，百思买为消费者提供的舒适购物环境和高水准的服务，还是让人怀念。以前，不少人是先到百思买“体验”产品，再转身去价格更便宜的家电卖场购买。要说百思买输，大概就输在这里吧？现在，百思买关了，消费者想要享受同样水准的服务，就有点难了。

都说引进家乐福、百思买这样国际零售业巨头对消费者来说，是好事。其最终目标，应该是让消费者享受更专业、更周到、更放心的服务。从家乐福和百思买的新闻来看，这个目标，远未实现，值得我们深思。

2011年2月23日

想起《刮痧》

这几天，老是想起那部老电影《刮痧》。

在美国，因为刮痧，父亲被剥夺监护权。电影从一个很小的角度，展现了东西方文化的冲突。让我重又想起它来，是因为最近两条新闻。

一条，是《新民周刊》记者杨江采访发现，在河南太康农村，有一些父母把亲生孩子“租”给“丐帮”头子。在昨晚播出的电视节目里，面对饱受摧残的女儿任芳芳，那狠心的父亲竟能“冷静”地叙述如何五千一万地收“租金”，而面无悔意。

另一条，是弃婴“大双”的父母找到了，警方对他们作出治安警告处罚。

任芳芳的父亲和“大双”的父母，都触犯了刑律，完全应该受到严惩。也许是同情心驱使吧，他们非但没有坐牢之虞，连监护权也未被剥夺。但在目前社会监护机制与能力尚不完备之时，轻言剥夺犯法父母的监护权，似乎有点不现实。

但是，如何保护好我们的孩子，不让任芳芳、“大双”这样的悲剧发生？这个严峻的问题，不容回避，需要全社会共同努力来解决。

再贫困，也不能“出租”和抛弃孩子，这是社会法律与道德的底线。

2011 年 2 月 25 日

房产税释疑早点好

今天,新华社有一篇报道非常引人注目,即“六问房产税”。

我注意到,新华社为了这一篇稿子,花了大力气——出动了五位记者,分头采访了七八位代表委员。这个力气花得相当值得,因为这篇稿子回答的六个问题,都是公众非常关心的。

自上海、重庆率先启动房产税改革试点至今,已经一个多月了。改革,势必触及一部分人的切身利益。而房产税改革,更是事关千家万户。说人人关心,一点也不过分。像“买房时已经交了土地出让金,为何还要交税?”这样的疑问,听身边不少人议过。不过,却迟迟不见解释。贾康委员的解答,至少让我们听到了权威的说法。

这篇报道还有一个值得称道之处,就是还发表了反对的声音。杨海坤委员就认为征收房产税不利于中产阶级形成。

一项涉及公众切身利益的政策,多一点讨论,多听听不同意见,利远大于弊。而针对百姓关切的问题,来自权威部门的释疑,越早越好。

2011 年 3 月 3 日

迎来送往，当简则简

全国两会，万众瞩目。相比较而言，代表委员出发、抵达、返回的新闻，虽然也占着报纸的重要版面、电视的黄金时段，但公众的关注度却很低。

迎来送往，是人之常情。平心而论，这些迎送仪式也毫不铺张，花不了多少钱。但是，迎来送往，还是当简则简。理由有三：

其一，人力物力花得不多，也不是不能节约的理由；

其二，因大会日程相对固定，迎来送往的新闻，含金量很低；

其三，不迎送，并不等于不重视。

在此，以我国礼宾改革为例来说明问题：1978 年起，欢迎外宾访华的仪式由机场改至人民大会堂东门外广场举行，不再组织群众夹道欢迎；1991 年起，我国领导人出访送迎仪式从机场改至人民大会堂举行；2003 年起，我国领导人出访不再举行送迎仪式；2010 年起，我国领导人出访，不再组织当地华侨华人、留学生到机场迎送。显然，不搞迎送，不是因为不重要。

在新闻发布会上，已经有记者两度问赵启正两会花费多少。两会开销，当然是能省就省。节省开支，不妨从简化甚至取消迎送仪式做起。

2011 年 3 月 7 日

如何重拾信心？

又是奶粉惹的祸。

有内地香港两家人家，为了抢购奶粉，大打出手，结果 5 人均被拘捕。

设身处地为港澳市民想想，内地客狂购奶粉，弄得货源紧缺，他们心里有气，是很正常的。而内地人去港澳买进口奶粉，同样是迫于无奈。

据全国政协委员、国务院食品安全委员会办公室副主任刘佩智透露：三鹿事件后，高端婴幼儿进口奶粉所占市场份额已近 90%。

虽然权威部门一再说国产奶粉质量有保证，可是消费者就是不放心。国产奶粉如何重拾信心？这个问题，必须迅速破解。

家乐福的做法或可借鉴：因“价格门”信誉蒙垢的家乐福，昨天聘请 10 名消费者当“啄木鸟”，请他们不定期对全市门店“微服私访”。

公众监督，是重拾信心的良方。光靠质检部门昭告天下，说国产奶粉没问题，怕是说服力不够。应该建立一个机制，并借助媒体的力量，让公众可以监督从奶牛养殖到奶粉生产的全过程，让公众真正放下心来，丢盔卸甲的国产奶粉，才有可能重整旗鼓。

2011 年 3 月 11 日

面对核泄漏

日本大震，举世震惊。地震、海啸之外，核泄漏事故格外引人关注。切尔诺贝利殷鉴不远，福岛事故会如何发展？我们又如何面对？

首先，不必盲目恐慌。准确分析核事故，毕竟只有极少数专家才有此能力。因此，公众不必胡乱猜测，自己吓唬自己，一定要以权威部门发布的信息为准。目前，从日本官方发布的信息看，此次事故仅造成“局部性危害”，与切尔诺贝利事故不可同日而语。

其次，公众有所恐慌，是很正常的。说核泄漏猛于虎，并不夸张，更何况，日本已经有数十人确认遭到核辐射。对此事，从政府到公众，无论怎么重视都不过分。

上海政府部门正密切监视日本核泄漏，并决定每 5 分钟采集一次数据。这样做，正是基于对人民负责的态度，很有必要。与此同时，也应该建立一个权威、快速的信息发布通道，让公众及时了解相关信息。从某种意义上说，第一时间发布信息与第一时间采集数据同样重要。

2011 年 3 月 14 日

自己吓自己

据报道，在上海、广东、江苏、浙江等沿海省市，市民抢购碘盐和无碘盐。理由呢，据说有两条：一是想吃碘盐防核辐射，一是怕海水被污染没法再提炼盐。

这，纯属是自己吓自己了。一则，吃碘盐防不了辐射，乱吃一气倒会影响健康；二则，即使海水真的被污染，也不会没盐吃。

我们常说，如果信息不透明，谣言就会滋生蔓延。但面对核泄漏，政府权威部门已经做到了信息公开、透明，比如，国家环保部官网每天都在发布主要城市环境辐射水平信息。我们有理由相信，万一核泄漏真的会影响我国，政府也会第一时间告知公众，指导并帮助我们正确应对。基于这样的信心，实在没有理由自己吓自己。

最后想说的是，信谣属不智，造谣则有罪。韩国官方昨天重申，以制造恐慌或社会动乱为目的，用文字信息传播毫无根据的传言，最高可判处一年监禁或罚款 1000 万韩元。在我国，造谣同样要负法律责任。

2011 年 3 月 17 日

负离子与臭蛋味

今天，有两条新闻关乎空气。其一，今起，上海将每天发布森林负离子指数；其二，昨天弥漫在本市的那股臭鸡蛋味找到"肇事者"——乃浦东高桥石化公司脱硫管道破裂、硫化氢泄漏所致。

上海森林面积增加，森林里饱含负离子，是大好事；但身边臭味弥漫，则令人不快，甚至担心。

环保部门"闻味"即动，马上调查，到昨晚，宣布从大气中测出含硫化合物，并称对人体无害。对权威部门的解释，我一向是信任的。但是，这股臭味已经弄得人们胸闷、头晕了，不能说完全无害吧？

更令人不解的是，臭味泄出十几个小时，肇事方竟不吱一声，一副事不关己的样子。明明是操作不当引起异味外泄，为什么不在第一时间向市民说清楚呢？闯了祸，起码应该认个错、道个歉吧？起码应该表示争取下次不再犯吧？闯下这样的祸，高桥石化不是第一次。一错再错，跟如此傲慢的态度，不无关系。

对于我们市民来说，希望有闲情逸致去森林公园呼吸负离子，但首先关心的是平日里闻不到这样的臭味。

2011 年 3 月 21 日

上海话会成“文物”吗

看到招募上海话“发音人”的消息，我的第一反应，是上海话将成“非物质文化遗产”了。

当然，这样想，是反应过度了。任何一种语言，都在发展中，上海话也不例外。那么，上海话有没有危机呢？当然有！马莉莉就说过，她所在的沪剧团，已经很难招到发音标准的年轻人了。

其实，很多孩子原本是会说上海话的，但一旦踏入幼儿园，就渐渐地“异化”成只会说普通话的“上海小囡”了。

当年推广普通话的前提，是很多人不会说、听不懂。现在，颠倒过来了：中小学生人人会说普通话，而会说一口上海话的孩子，却成了少数。在这种情形下，能不能提倡中小学校实行普通话上海话“双语教育”呢？在校园里，不要对上海话“赶尽杀绝”，要允许、提倡孩子们在课余说上海话。即使是外地孩子，学会听、说上海话，也没有坏处吧？

保护上海话，就是保护上海城市文化，就是保护上海市民对本地方言、乡土文化的热爱。

一旦上海话真成了“文物”，再来保护，就晚了。

2011 年 3 月 25 日

根子在官哨

沉寂多时的足坛打黑,再起风暴。

从昨晚的央视节目,到今天的大小报纸,都把焦点对准了那几个著名的“黑哨”。黄俊杰对着镜头,泪流满面,说出了一句“名言”——“我对不起父母,对不起球迷,唯一对得起的就是中国足协的那些官员。”

通过这些报道,我们大开眼界,知道了“黑哨”原来还有这么多名堂:官哨、钱哨、赌哨……这哨那哨,根子在官哨。

即使在“金哨银哨皆黑哨”的环境下,仍有像孙葆洁这样出淤泥而不染的人。陷入犯罪泥沼的那些人,不能怪环境,要怪只能怪自己未能守住底线。

但是,如果我们要从整体上反思、检讨,就得承认,足坛乱成这样,是上梁不正下梁歪。因此,必须自上而下,理清足球管理体制,从根子上解决问题。就裁判问题而言,首先要杜绝官哨。

好在,这次足坛扫赌打黑,已经显示出自上而下根除假、丑、恶的决心,让球迷、公众看到了希望。

2011 年 3 月 31 日

不能“没想到”

因为挂号量猛增，本市医保信息系统昨被“配药潮”冲断20分钟。出这样的事故，或许是管理部门没想到的。

20分钟并不长，却会让在莫名等待中的病人焦躁不安。对此，市人保局领导出面，向公众致歉，并承诺努力改进工作。这样的态度，值得赞赏。

确实，理性地想想，提前囤药，并不可取，也未必一定省钱。但是，作为管理部门，却应该对这样的局面有所预判，不能“没想到”。

据一家医院统计，昨天的挂号量比平时增加了30%。全市的挂号量增加了多少，目前未见权威数据。但即使增加了一倍，似乎也不应该出这样的错。

按理，医保系统这么重要，应该有保护设施。但这起故障表明，保护设施还不完备。打个比方说，我们造防洪大堤，必须立足于可防“百年一遇”或“千年一遇”的大洪水，若是只能对付“十年一遇”，这个堤防，就不太靠得住。

现在，有许许多多网络系统，涉及民生的方方面面。设计这些系统的防护设施时，一定要把困难估计足。

2011年4月1日

“正常经营”？

曝光一般都属实，奢华原来很正常。

看了广东中石化对网友曝光“巨额公款购高档酒”的回应，我随口拟了上面这副对子。

一张发票上，购酒金额近百万元；最贵的一瓶50年茅台，要上万元。中石化方面回应说，曝光属实。他们又称：这些酒的购买“属于公司正常经营的一部分”，因为公司也存在“非油品”经营，加油站便利店为零售渠道。

噢，原来，几十万几十万地买酒，是用来“正常经营”的。这个，大概算是“批发”吧，批来了，放到加油站零售。这话有人信吗？加油站里卖50年茅台？谁买？

还真有记者去实地探访，根本见不到这样的“天价酒”。

或许，就像在办公楼里装天价吊灯那样，喝几瓶天价茅台、拉菲，在中石化“内部人员”看来，都属正常。只是，酒桌上的“内部事宜”，不足为外人道也，于是，“灵机一动”，就说成“正常经营”。

买了天价酒，承认了，总比抵赖强。喝了天价酒，想赖，也没那么容易。

2011年4月14日

法官何德？“讼托”何能？

在湛江，这个黄升二被视为“能人”，人称“讼托”。

一个“托”字，尽显当今人情社会之百态。此前，有“医托”，让病人无奈；孰料，竟又冒出了“讼托”。

“讼托”何能？据称能帮人打赢官司。好大的能耐！这个能耐又从哪里来？却原来，湛江竟有9名法官与黄升二结成“休戚与共”的利益链，上下其手，大赚黑钱。

专家分析，因法官与“讼托”穿了连裆裤，就会人为制造诉讼的难度，让人不得不去找“能人”黄升二。只要钞票到位，“讼托”一出马，官司自然赢。

“讼托”之“能”，缘于法官失德！

堂堂人民法官，竟让被他们称为“二哥”的黄升二用“银弹”轻易拿下，执法犯法，底线失守。如今东窗事发，自然当依法惩处。

但是，法官与“讼托”串通一气的恶果，却为害深远。一个又一个“找法院不如找‘讼托’”的案例，活生生地摆在那里，让当地百姓还怎么信法、遵法、守法？

2011年4月25日

莫被浮尘遮望眼

上午,浮尘未散。窗外,仍笼着黄。

一场浮尘,把不少上海人的假日心情和计划"搅黄"了。

浮尘笼罩之下,是重污染天气,应尽量减少外出、要紧闭门窗、外出最好戴口罩……可是,这样的提醒,未能及时送达,许多人"顶风冒尘",出门锻炼、购物、游玩……

于是,有市民问:为什么没有预警?

据了解,环保部门是作了"分段预报"的,可惜,他们的"污染通告"只是发布在上海环境监测网上,看到的市民少之又少。

今年"五一",恰逢上海世博会开幕一周年。世博期间,信息服务做得相当出色,市民游客可通过电视、广播、网络、手机短信等渠道,第一时间获悉相关信息。笔者曾写过《学学世博信息服务》《信息服务没有闭幕日》,希望市民"在平日里也能像参观世博会一样,享受到周到、及时、温暖的信息服务"。至少,在浮尘来袭之际,这个愿望落空了。

气象、环保部门,是市民的千里眼、顺风耳,责任重大。我们寄望于气象信息服务,莫被浮尘遮望眼。

2011 年 5 月 3 日

LV霸道

产品如人品,有的内敛,有的张扬。LV,就很张扬,它把商标满满铺开,好像生怕别人看不出来似的。对于不同风格的产品,倒不妨萝卜青菜,各取所爱。

但LV这一回的张扬,过了!

以LV为首,进驻恒隆广场的一个个奢侈品店,大张旗鼓,大肆搭建,排场大得很。说LV们霸道,一点儿也没冤枉他们。因为他们的搭建,霸占了人行道,把行人逼到了快车道上,好不危险。如此霸道,明显违反《上海市城市道路管理条例》。

对奢侈品开店,大可以敞开大门欢迎。既可满足消费需求,又能增加国家税收,何乐而不为?只是,即使你贵为奢侈品,也要依法行事。请问LV,你在巴黎香榭丽舍大街,也敢霸占人行道吗?中国同样是法治国家,在巴黎不能做的事,在上海,也不能做。

能引来众多国际一线品牌进驻,于恒隆广场,是挺有面子的事。可是,恒隆任由甚至鼓励LV等违法搭建,露出了法治意识淡薄的马脚,很丢面子。

对于LV们这样的霸道行为,管理部门要依法处理,不能听之任之。

2011年5月16日

又是偶然？

昨日，风略大，竟致幕墙碎，玻璃如雨下……

据说，这一天三次玻璃幕墙爆裂，与刮着的大风有关。若此说成立，那么，台风来了怎么办？

诚然，这三起事故都事出偶然；所幸，都未造成人员伤亡。但是，我们不能奢望，每一次都这么幸运。

凡事故都有偶然因素，但偶然之中往往有必然。时代金融中心一名陆先生的话，就让人看到这样的必然。陆先生说，这属于"自然爆裂"，不是人为的，也不是管理不当。言下之意再清楚不过——这不是我们的责任。出了事故，撇清责任，几乎成了一些人的"条件反射"。

不要说面对玻璃幕墙爆裂，就算是面对自然灾害，也要强调预测、预警、防灾、减灾。

对昨天的这三起事故，不能用一句事出偶然轻轻放过。对于这类事故，再重视也不为过。首先，要明确责任。即使是"自然爆裂"，大楼管理方也难脱干系。其次，对已经"服役"多年的玻璃幕墙，该查的查，该换的换，宜早不宜迟，宜紧不宜松。

城市安全，务防偶然。

2011 年 5 月 19 日

直面三峡问题

三峡问题,近来又热了。

5 月 18 日,温总理主持召开的国务院常务会议指出,三峡工程在移民安稳致富、生态环境保护、地质灾害防治等方面还存在一些亟须解决的问题。紧接着,三峡水库为中下游抗旱补水。

与此相关的新闻是,长江中下游今年旱情极为严重,近几年三峡及周边地区灾害频发。这些,都与三峡工程有关吗?

今天,中国工程院院士、三峡工程专家卢耀如就这些尖锐问题回答了记者的提问。他的核心观点是,问题不能都归罪三峡。

早在三峡工程的论证阶段,就有过激烈的争论。三峡工程竣工后,水利工程学家潘家铮说:"那些反对三峡工程的人,对三峡工程的贡献最大。"直至今天,对三峡工程有不同意见,有人指出三峡工程存在问题,仍是很正常的。有了问题,就要敢于面对,而不是回避。这一回,上到国务院、下到专家,能够直面三峡问题,这种实事求是的态度,值得赞赏。

实事求是、尊重科学,是面对一切问题、解决一切问题的基础所在。

2011 年 5 月 23 日

“基本”不放心

老话说，一粒老鼠屎坏了一锅汤。一起起食品安全事件中，这句话屡试不爽。

以前，曾因香蕉、橘子有问题，成堆香蕉、橘子烂在田头。今年，轮到了西瓜。

因有“瓜裂裂”，大家又“见识”了膨大剂。于是乎，不少人又谈瓜色变，不敢吃瓜了。天气一天天热起来，西瓜销量却一天天少下去。市民们固然少了热天啖瓜的痛快，但最受伤的，还是瓜农。

于是，有好心人劝市民不用太担心。他们一会儿说，本地瓜基本不用膨大剂；一会儿又说，用膨大剂对健康基本无害。说这两个“基本”，用意是好的，意欲打消市民的顾虑，也试图一解瓜农困局。对此，却有不少人理解为膨大剂是有人用的，对健康也是有害的。于是，“基本”不放心。

食品安全问题，是容不得含糊的。西瓜里到底有没有膨大剂，这个难题，不能交给消费者去破解；种西瓜可不可以用膨大剂，也要有明确的说法。

希望监管部门尽快厘清瓜市乱象，让瓜农销得畅快、市民吃得放心。

2011 年 5 月 30 日

听证不走过场

早晨上班路上，在电台新闻里，听到出租车运价听证会的录音报道，虽然只是部分实况，却令我印象深刻。一个直觉就是，这个听证会，没有走过场。乘客与司机的意见，基本得到了反映。

在物价指数高企的背景下，涉及面广的公众服务项目涨价，要相当慎重。市发改委领导前两天就明确表示，居民水、电、气等公用事业价格调整都将从严控制。而出租车行业亦有“准公用事业”的性质，调价前举行价格听证会，是必须的。

可是，由于个别地方政府部门举行的几次价格听证会有走过场之嫌，因此有老百姓称“听证会”为“听涨会”，不大信任，也不愿意参与。近日，某地水价听证会就因仅有 5 人报名，搁浅了。产生这种局面，对公众和政府部门来说，是双输。

价格听证会，是规范政府制定价格听证行为，提高政府价格决策的民主性、科学性和透明度的必要程序，不能走过场。

在条件成熟时，价格听证会还可以尝试网络直播，让更多市民了解、参与、监督。

2011 年 6 月 14 日

上海馒头

难得,在梅雨季节,“杏花楼”大热。

“杏花楼”享大名,一因月饼,二因粤菜,此番,却是因为馒头。

央视曝光“染色馒头”之后,上海的馒头便乏人问津。可是,虽然短时间可以用泡饭、面条啥的替代,但总不能让上海市民就此作别馒头吧?

市政府想市民所想,命“杏花楼”尽快出产放心馒头。经一道道严格流程,“杏花楼”的馒头于17日正式出笼,一上市,便被抢购一空。“馒头翻身仗”,初战告捷。

至今,还有几个人记得“盛禄”之恶名?他们为恶,败坏的,是上海馒头的声誉。同理,要彻底打赢这场“馒头翻身仗”,光靠“杏花楼”单兵突进,怕是不够。在社会主义市场经济的条件下,也不可能靠行政命令,包打天下。

政府部门要进一步加大食品安全的监管力度,所有的食品生产企业要共同努力,使得全市大街小巷的正规超市、便利店、点心店里的馒头,都是“放心馒头”才行。如此,上海的馒头,才能重获新生。

2011年6月21日

漏油不漏嘴

中海油的保密功夫颇为了得。两个油井漏油半个多月,硬是不露口风,可谓“漏油不漏嘴”。要不是网友微博曝光、媒体跟进报道,没准,我等百姓至今仍被蒙在鼓里。

出了事故瞒报,无论如何都说不过去。但中海油却还嘴硬,称“由于泄漏范围比较小,只涉及200平方米左右,对事故海域及相关环境影响较小”云云。

且不论这200平方米与此前媒体报道的“长3公里、宽二三十米的溢油带”差距甚大,即使真的对环境“影响较小”,也不是瞒报的理由。对媒体的曝光,中海油方面,很可能觉得小题大做了。证据之一,是有中海油内部人士发微博指责媒体“哗众取宠”。真不明白中海油傲气何来?

从中石化天价茅台到中海油漏油事件,近年来不断发生央企面对舆论捂盖子的事情。即使“贵”为央企,也没有捂盖子的特权吧?

其实,央企的地位越高、权力越大,越是应该成为众多企业的榜样,承担更多的社会责任。要做一家有社会责任感的央企,尊重公众的知情权、媒体的监督权,是最起码的。

2011年7月5日

“达芬奇乱码”如何解

高高在上的“达芬奇家具”，原来是假洋鬼子。

虽说，吃“达芬奇”亏的，是少数迷信洋货的主，与绝大多数百姓关系不大，但不等于说这件事就不重要、“达芬奇乱码”就不需要解开。

正如媒体指出的那样，对“达芬奇”，不能一罚了之，有法律界人士认为，他们已经涉嫌触犯刑法，应该依法追究刑事责任。

此言甚是。

俗话说，独角难成戏，这一出“达芬奇乱码”，“主角”固然戏码最重，但也少不了“配角”的配合。达芬奇家具可以玩保税区“一日游”，不符合国家质量规定的产品，竟然堂而皇之地“出口”了再“进口”，又堂而皇之地到处寻觅黄金市口，开店叫卖。这一整出戏码演下来，不光坑了消费者，还骗取了国家出口退税。“达芬奇”赚了这头赚那头的时候，监管何在？

要解开“达芬奇乱码”，监管部门的责任，也要弄弄清爽。

2011 年 7 月 22 日

面对特大事故

动车追尾，伤亡惨重，国人大恸。

这起特大事故发生后，从中央领导指示务必把救人放在第一位，到消防官兵的竭力营救和温州市民的义举，都令人动容。

与此同时，我们仍然不能不思索，应该用怎样的态度，来面对这起特大事故。

首先，以人为本。出了特大事故，放在第一位考虑的，是人。要尽一切可能搜寻、抢救每一位幸存者，要尽一切可能找到、辨清每一位遇难者，并将详情公之于众。

其次，尊重科学。出了特大事故，有关部门希望尽可能减轻事故的负面影响、希望尽快恢复正常运营秩序，其心情是可以理解的，但这不能成为工作的唯一出发点。当务之急，应该是尽快查明事故原因，并举一反三，杜绝隐患，确保安全，绝不能让类似的事故再发生。查清了事故原因，要将详情尽快告知公众，并依法追究相关责任人。

从这个意义说，在第一时间就把事故原因归结为雷击，在事发不到 24 小时就宣布即将恢复通车，破拆、碾碎事故车厢等做法，都太过匆忙、太过草率了。

2011 年 7 月 25 日

失手，失守！

一失手，打碎了个盘子。听起来，像是主妇的常有失误。可是，事发故宫，碎的是国宝，不可同日而语。

虽说我们对"无损测试分析"不甚了了，却也知这技术之发明，是为了保护文物。作为一个外行瞎想想，也觉得，打造一个测试时确保不会损坏瓷器的环境，在技术上，应该比发明"无损测试"要容易得多。

可以说，故宫此次事故不是失手，而是失守。是文物守护者责任心的失守。

自然而然地，许多人把故宫碎器与故宫失窃、故宫办会所联系了起来，表征虽不同，病灶却是同一个，即管理混乱，还充分表现出，故宫方面，对他们守护的国宝，缺乏虔敬之心。

应该如何对待文物，应该怎样加强管理，应该如何对待公众的质疑，类似道理，并不复杂，相信故宫方面，也不是不懂。那为何还会接连失守呢？依我看，是少了问责。失窃案后，除了喜气洋洋地送出"撼"人锦旗外，对事故处理，却不了了之。这一次，损失已经无法弥补，问责，会不会又是不了了之？若是，那么，失守的事，断难杜绝。

2011 年 8 月 1 日

愧对乘客

可不可以说，安全、准点、舒适，是公众对高铁与动车的最起码要求？从这个意思说，昨天甬温线十余列动车“趴窝”，沪宁线多趟高铁晚点，是很不应该的。铁路部门应该意识到，不管出于什么原因，动车、高铁做不到准点，都愧对乘客。

在“7·23”余波未绝的背景下，铁路部门采取“宁可晚点，也要确保安全”的态度，是可以理解的，也是正确的。但也正因为“7·23”阴影未消，你非正常停车，也会令乘客感到恐慌。对此，铁路部门非但没有将心比心，考虑乘客的感受，还摆出一副“不解释、不道歉”的蛮横态度，对媒体傲然回答“我不知道，不要问我”，就实在不可原谅了。

诚然，即使发生了“7·23”特大事故，也不能因此全面否定动车与高铁建设的意义，但是，铁路部门也要想一想，应该如何对待这起事故、对待公众的质疑与期待。否则，很伤公众感情。从这个意义上说，需要铁路部门检修的，不光是相关设备，还有服务乘客的意识和面对公众的态度。

2011 年 8 月 2 日

贺“我行贿了”重新开张

就在大家渐渐淡忘之际，“我行贿了”网重又开张。

两个多月前，受印度“我行贿了”网站启发，多家类似网站争先恐后开办，很是热闹。然，不多久，便纷纷关闭。没有经过备案，是主因。在新闻热点“各领风骚三五天”的当下，那一拨热潮，很快退了。

近日，“我行贿了”网站通过了备案，重新开张，可喜可贺。

对主事者，经过努力，事业终上正途，一喜也；对于网民，反腐多了个渠道，二喜也；对党和政府来说，能够更好地集中民智民力，壮大反腐倡廉事业，三喜也。给“我行贿了”发“准生证”，也正是体现了党和政府反腐的决心。

许多事物，皆为“双刃剑”。类似网站侵犯公民个人隐私的副作用亦不可不防。所幸，“我行贿了”网对此已经有了清醒的认识，并公开声明“不接受举报”。

诚然，奢望一个网站的开张，便能震慑天下贪腐者，未免天真。然而，我们对任何在法律框架下行事的民间反腐行动，都不妨多给些鼓励的掌声。

2011 年 8 月 8 日

“精武”疑云

世人皆知霍元甲，何人不晓精武门？

正是沾了霍大侠的光，大连路惠民路口的四幢洋房，虽说大大的“拆”字已经上墙，大概，可以不拆了。

上海市民与媒体，体现出了保护城市历史的意识和热情，值得赞许。不过，新闻引出的“精武”疑云，仍未散。因为，杨浦区文物部门说，“我们并不知道上海精武会的确切地址，这些场所现在极有可能不存在了”。

我相信，杨浦区文物部门，说的是实话。但这实话，也可一议。精武门创办至今，不过百年，并不算长，但对于上海这所新兴城市来说，弥足珍贵。也正因为只有百年历史，若是一团疑云，连确切地址也弄不清，有点说不过去。

把城市的历史脉络弄清楚，把前辈留给我们的“家底”弄清楚，是文物部门的责任。比如“精武”疑云，就当驱散。精武会是不是曾经搬到过杨浦？如果是，在哪里？老房子还在不在？即使真的不在了，在旧址上立一块碑，告诉世人、告诉后人，精武会曾经在此，也是应该的吧。

2011 年 8 月 9 日

假文件，真教训

炮制所谓“国税总局 47 号文件”的家伙，大概没料到他能弄出这么大的动静。

这则关于个税调整的假文件，8 月 11 日上网；13 日，广州某报报道；至 15 日，包括央媒在内，诸多媒体都作了大幅报道，还有专家解读，不由得人不信。直至昨天（8 月 15 日），国税总局方出面辟谣。

对这则假文件，不能一笑了之。对于造假者，当依法追究其责任。对假文件背后的真教训，更要认真反思。

首先当反思的，是媒体。对于一则网帖，未经认真核实，便信以为真，大做文章，犯了大忌。

其次当反思的，是国税总局。若说他们对网帖失察，尚情有可原，但在全国媒体集中“轰炸”了两天之后，才“醒”过来辟谣，太迟了。至于那个“双休日不辟谣”的说辞，也是站不住脚的。

政府部门和媒体，都要认识到，民生无小事，真实准确地发布信息，不误导公众，是最起码的。

此外，这则假文件的背后，还反映出了真民意，亦望决策者思之。篇幅所限，不赘。

2011 年 8 月 16 日

保障房不是特殊房

保障房建设，正在各地全面铺开。

承载着许多人的住房梦，保障房建设一路绿灯、高歌猛进，似乎在情理之中。但是，且慢。据今天人民日报报道，号称“广州最大”的南方钢厂保障房项目，被勒令停工。

对此，值得叫好。一则，这个项目所处地块残存重金属污染，环保部门果断叫停，体现了环保执法的权威性与严肃性；二则，对保障房建设，也不“网开一面”，坚持依法、依规行事。做到这两点，均需拿出勇气，顶住压力，不容易。

保障房建设的重要意义，毋庸赘言。但需要警惕的是，保障房建设刚刚上轨道，便有人从中上下其手、违规牟利。今年以来，全国各地频现保障房“质量门”，便似一记又一记警钟，提醒我们：保障房不是特殊房。在保证质量上，保障房是一点点特殊化都不能有。甚至可以说，正是因为保障房有着为天下寒士造广厦千万间的特殊使命，更要严格把好质量关。

倘若天下寒士好不容易住进广厦，那房子却“为秋风所破”，情何以堪？

2011 年 8 月 22 日

执法更要守法

同在昨天,全国人大常委会审议刑事诉讼法修正案草案,国务院常务会议决定修改《公安机关督察条例》。

法律法规的修正修改,涉及面广,短短微评,难以言说。只说印象最深的那一点吧——不约而同地加强了对执法者的约束。强化执法更要守法这一理念,是健全社会主义法制的要义,是全体公民的福音。

刑诉法修正案草案在原有“严禁刑讯逼供”规定的基础上,增加了“不得强迫任何人证实自己有罪”的规定;修改后的《公安机关督察条例》规定,当群众投诉民警违法,督察机构必须及时出警,赴现场处置。这些条文,都是对执法行为的约束、对公民合法权益的保护。

可以肯定,大多数的执法者,都是守法的模范,他们,是社会公义、公民权益的守护神。但也不能否认,仍有极个别执法犯法的“害群之马”。这些人的行为,不仅侵害了公民权益,还损害了执法队伍的整体形象,其反作用,不可低估。

正因此,我们才对相关法律法规的修正修改,充满期待。

2011 年 8 月 25 日

他们也是上海的孩子

今早上班路上，已见学生穿着校服去学校，他们是去领新学期的书的。再过两天，就开学了。

就在暑假即将结束之际，看到一条令人痛惜的消息：暑假以来，上海发生12起学生溺水事故，有14名孩子不幸身亡。

据了解，这些溺亡的孩子中，外来务工者的孩子居多。每年暑假，总有一些外来孩子出交通事故、溺水事故的消息传来。这么多意外，令人唏嘘。而同样在暑假里，城里的孩子，就很少出类似事故。这样大的差别，令人思索。

上海世博会上，石油馆的3D影片很热门。影片中有一段，记忆犹新：如果没有石油，我们的周遭将发生巨变，城市生活几乎无法运转。原来，石油无处不在。同理，如果没有外来务工者，我们身处的都市，同样会难以运转。外来务工者对于上海不可或缺的贡献、功劳，当有目共睹。

从这个意义上说，外来务工者是我们上海不可或缺的一分子；外来务工者的孩子，也是我们上海的孩子。请多给他们一些关爱和保护，让他们少一些意外。

2011年8月30日

“月饼堵”

昨日晚高峰，“有幸”经历超级大堵车。遭堵，无聊，刷微博玩儿，方知被堵的朋友不知凡几。同样的情况，还出现在了北京。智慧的网友给这大拥堵起的名字也好玩，叫“月饼堵”。

诚然，上海昨晚的大拥堵还与暴雨有关，但主因很清楚，今年中秋节、教师节只差两天，全城领月饼、送月饼大军节前一齐出动，人流量车流量暴增。

据观察，一些路口之堵，因司机抢道、“抢黄灯”所致。大家不买账，“顶”上来，便堵作一团。因此，越是拥堵，越要礼让。欲速则不达的道理，不难懂。

堵作一团的路口，如果交警在，不会那么乱。事实证明，交警一到，只5分钟，便打开“死结”。写到此，问题来了：与“月饼堵”相类，节假日前，送礼消费、快递赶工、活动集中，凡此种种，常常带来交通大拥堵，有关管理部门可有预案？

在组织安排、疏导化解重大节庆交通拥堵方面，上海交通管理部门经验丰富。相信只要有预案、上措施、增警力，缓解“月饼堵”，并不难。

昨晚“月饼堵”再次提醒我们：凡事预则立，不预则废。

2011年9月9日

血中铅

上海，浦东，孩子，血铅，超标……这些词，组成新闻要素，颇令人震惊。

在市委市政府的高度重视下，处理措施很明确：一、对患儿及时治疗，据医学专家介绍，他们的血铅指标可恢复正常；二、环保部门责令两家涉铅企业停产；三、及时通过媒体发布相关消息。

这一系列措施，是正确的、得力的。体现出政府部门以人为本的态度和保护环境的决心。但是，有关部门仍要从这起血铅事故中，认真吸取教训，必须认真排查，究竟是什么原因，让这两家企业违规排放。正如人的血液里不应该有过量的铅一样，在规范的市场经济体系里，也不能容忍违规排放的厂家存在。环保部门必须严格执法、全天候监管，坚决不容许形形色色的“铅”，混入市场经济的“肌体”里，威胁百姓、祸害社会。

那种带“铅”的 GDP，坚决不能要；混进血液里的铅，坚决要去除。

2011 年 9 月 16 日

惊闻记者遇害

惊闻一位同行遇害。

他叫李翔，洛阳电视台记者，30 岁，昨日凌晨在单位附近，身中数刀而亡。他生前的最后一条微博，事关地沟油。

李翔遇害，究竟是一起抢劫行凶案，还是与他揭露地沟油黑幕有关，须待警方破案后再下结论。但是，这起残忍的凶杀案，也不禁让人联想到，近来有数位从事调查、揭黑的记者，受到了调查对象甚至黑恶势力的威胁。有一位同行家人受到威胁，甚至不得不暂时将孩子秘密转移。

媒体，是社会之公器；守护社会的公平、正义、良知，乃记者天职。从事调查、揭黑的记者，是代表人民行使舆论监督权。他们的这个权力，是人民赋予的。保护他们的人身安全、保证他们正常工作，就是保护人民赋予的舆论监督权力。因此，对于威胁、伤害记者及家人的行径，要坚决依法严惩，决不能眼睁睁地看着黑恶势力胡作非为。

就目前而言，祈望河南警方能迅速侦破李翔遇害案；就长远而言，盼望全社会形成保护调查记者、保护舆论监督的共识和氛围。

2011 年 9 月 20 日

从乔布斯的隐私说起

几小时前，乔布斯下葬。

葬礼为小型私人聚会。为保护隐私，外界并不知葬礼地点。在他去世当天，家人发布的声明结尾也说过："我们请求你们在这个悲伤时期尊重我们的隐私。"

但是，挖掘名人隐私，却是某些人的一贯癖好。今天的报纸上，不也有人对乔布斯"多情""与高中女友育有一女"等经历津津乐道吗？

乔布斯逝世，引发全球粉丝关注和哀悼，其声势之大，远超政治人物。作为一名企业家，所享哀荣，可谓空前。这一景象，颇可玩味。甚至，将"果粉"对乔布斯的追捧，看作是时代转型的一个小小标志，亦未尝不可。

如果我们同意，乔布斯的存在意义超凡，那么，纪念他，就不应该去追捧他的隐私，而是应该传承他的精神。

乔布斯有言："领袖和跟风者的区别就在于创新。"已经用惯"苹果"的"果粉"们，可能无法想象，若是没有乔布斯的创新，生活会是怎样。

乔布斯走了，他的产品，已经植入我们的生活；他的创新精神，更当植入我们的内心。

2011 年 10 月 8 日

球运·国运

“我承认我手贱，开电视看国足。”

昨晚，微博上，好几个网友用类似的话，作“自我批评”。

从1981年看容志行那拨国足至今，整整30年，我也算是个资深球迷吧。但我要承认，眼看国足输了，心里一点波澜也未起。说“哀莫大于心死”，重了。但球迷骂声如此之少，对国足未见得是什么好事。

这回，国足输的对手，是伊拉克队。比起稳定、繁荣的中国来，动荡不安的伊拉克可谓苦难重重。那一句“国运即球运”，在昨晚，似乎失灵了。

万事，皆要辩证看。国家政局稳定与否、经济发展水平高低，确与体育总体水平成正比。但是，也不能简单地将球运与国运挂钩。世界头号强国美国的足球水平，也不过二流。中国足球连战连败，与国运并无关联。想一想，前足协的领导们还收在监里等待判决；看一看，中超乱象纷呈、黑幕重重……在这种态势下，中国队要是能出线，反倒奇了。

假如有一天，中国队真出线了，大家怎么高兴都可以，就是千万别往国运上扯。

2011年10月12日

校庆不设主席台

校庆新闻，此起彼伏，对此，了无兴趣。正如不相干的人摆寿宴，与我何干？

昨天一则校庆新闻，很值得说一说——“华师大校庆大会不设主席台”。校方官方微博说，“自己的节日，只和师生，只和校友共度”，暖意融融。校长俞立中致辞说：“大学在任何情况下都不应该或缺的是思考的精神、反思的勇气。”诚哉斯言。

设不设主席台，只不过是一个形式罢了。华师大此举，之所以受到关注，一则，是因为不设主席台比较稀罕；二则，也因为在高校中，“官本位”的作派，确有愈演愈烈之势。有人已经将“官本位”视为中国难出世界一流大学的最大障碍。在这样的背景下，有必要向校庆不设主席台的小小努力致敬。

资中筠先生最近在谈起一所名牌大学时说，它“变得像一个大官，非常势利，向权力和财力聚集”。她批评的，也是大学“官本位”现象，话说得很重，可能有人听了不舒服，但忠言逆耳，大学若是越来越势利，眼睛盯着的，非富即贵，那真的会后患无穷。

2011年10月17日

玷污清名

说到中国的伟大女性，相信有许多许多人，会像我一样，首先想到宋庆龄。

宋庆龄享有崇高威望。可是她自己，却低调、简朴。她的饮食很简单，每餐两菜一汤；她在家的衣着，与普通百姓无异；她的墓穴，与保姆李燕娥平行，且一般大小……然而，她却把毕生的精力与财产，献给了保护妇女儿童的事业。

设立宋庆龄基金会，正是为了纪念、学习她的崇高精神，继承、发扬她的未竟事业。可是，最近，河南宋基会却做了一件有损宋基会清誉的蠢事——在郑州建了一座八层楼高的宋庆龄雕像，基座是一个800多平方米的大会议厅。如此铺张、如此招摇，与宋庆龄的低调、简朴，反差实在太大。这数以千万元计的花销，不知可以救助多少困境中的妇女儿童。更让人难以接受的是，河南宋基会竟谎称，"雕像不是宋庆龄，是'黄河女儿'"。对此，雕像的创作者明确说，这正是宋庆龄。

先是大肆铺张，再是公然说谎，河南宋基会的这一系列言行，玷污了宋庆龄的清名，若宋庆龄泉下有知，怎能安眠？

2011年11月8日

羞辱了谁?

为什么？学校羞辱孩子的行为如此层出不穷，花样翻新，没完没了？

一些学校、一些教育工作者的神经实在“坚强”。当我们见识了“绿领巾”“红背心”“分色作业本”“差生测智商”等种种“创新”之后，当舆论和公众对此类行径口诛笔伐之后，他们却依然不依不饶，让我们再次目睹“新作品”——昨天，南昌市进贤县第二中学安排学习较差的初三学生在教室外考试。昨天立冬，气温骤降，孩子们在瑟瑟寒风中考试，双手、脸蛋冻得通红。

坐在教室外考试，让孩子们感到冰冷的，不光是身体，还有内心。当然，心里冷的，还有我们。

这种把孩子分成三六九等的行为，看似愚蠢，其实，作出这种决断的人，“聪明”着呢。他们在乎的，根本不是孩子们的内心感受，而是中考、高考成绩，是他们所谓的政绩、绩效，是他们的职位、奖金。所以，他们不惜羞辱孩子。围着考试指挥棒转的教育模式不改，羞辱孩子的花样，还会不断翻新。

羞辱了孩子，实际上，是羞辱了他们自己，羞辱了中国教育。

2011 年 11 月 9 日

校车如校舍

心痛！18个孩子，就这么没了；悲愤！9座校车，竟塞进64人。

甘肃省正宁县幼儿园校车事故，震惊全国，刺痛国人。

几年前，个别“豆腐渣”校舍倒塌，也曾引起全国关注。2009年，温总理在政府工作报告中说：“要把学校建成最安全、家长最放心的地方。”类似的话，温总理在各种场合，说过多次。这，应该是政府的庄严承诺。

道理很简单，家长把孩子送到学校，孩子的安全，就是学校的责任、政府的责任。

同理，校车如校舍，家长把孩子送上校车，就等于把孩子托付给了学校和政府。

今年以来，校车夺命事故频发。细究起来，不是车辆超载，就是司机疏忽，几乎全是责任事故。责任事故频发，就是责任意识缺失之故。

诚然，我们不可能一下子做到像发达国家那样，校车坚固如坦克，即使在我国，东西部也差距很大。但是，这些绝不能作为卸责的借口。

校车管理措施、校车车辆条件，可以逐步改善。但是，首先，必须明确，校车安全是政府的责任。

明确这一条，刻不容缓！

2011年11月17日

为了生命

十个小时，警民合力，救人一命。

警方与网友微博合力，挽回一条年轻的生命。这条新闻，可以从多角度去解读：自杀不可取、微博力量大、网友热心肠、民警真负责、上海有大爱……

为了这名女孩，惊动了不少人，花了不少人力物力，最终，她得救了，大家都感到欣慰。没有人会去讨论，为了一个自杀的人，花这么多人力物力值不值。因为，生命是最宝贵的，这是共识。

又联想起正宁校车事故。21 条鲜活的生命，把西部农村的现实，血淋淋地，撕开来，给世人看：多拉孩子，司机没任何好处；车少人多，超载成了必然选择；有校车坐，家长已经很知足……有网友发布了西部孩子上学路上的种种图景，他们要翻山、攀岩、涉河、溜索……危险系数一点不比挤在校车里小。

确实，解决西部孩子的校车问题，困难要比想象的大得多。但是，只要想一想，那是为了孩子们的生命啊！天大的困难，都不是借口，都必须克服。

为了生命，花再大的代价，也值！

2011 年 11 月 18 日

钱学森的辞呈

钱学森如活着,到后天,一百岁了。钱学森还活着,活在许多人心里。

这两天,大家用各种形式纪念钱老。在上海交大的钱学森图书馆,也将于后天开馆,昨天,众记者前往先睹。有一位记者写道:“展厅一角,陈列多张钱老手写给党和国家领导人的辞职信笺。”

早在 20 世纪 50 年代末,钱老就申请不当国防部第五研究院院长,并如愿改任主持技术工作的副院长。从此,他只任副职。后来,钱老还数度请辞所任官职。

仅用“淡泊名利”这个词,大概不足以形容钱学森境界之高。我想,他之所以这么做,是想更加专注于发挥所学所长,为国为民多做事情。像钱老这样不世出之大才,也自知不可能行政、科研一肩挑。

钱老的辞职信,无声地提醒我们,一个人,不能什么都想要。

昨天,中国工程院选出 54 位新院士,此前备受公众关注的“高官高管”候选人,绝大多数落选了。是的,同时做好高官和院士,可能性很小,还不如学学钱老,专心致志地把一件事做好、做到位。

2011 年 12 月 9 日

应该有的温暖

谢文龙、朱德龙、陈乐平，让我们记住这三位公交司机的名字。

他们，在突然发病倒下之际，用尽最后的力气，踩下刹车，让乘客安然；他们，用这一瞬间的光华，让我们的城市，充满温暖。

当我们被他们的事迹感动，称颂他们为英雄时，也为他们倒下而痛惜。

公交车司机，这么累的活儿，主力军，竟是四五十岁的“大叔”们。一份对 55 岁以上驾驶员的调查显示，患有各种疾病的，占 86.95%。

对于这样的现状，市委、市政府是高度重视的，巴士集团也从去年起，实行职工一年一次的体检制度。而仍在与死神搏斗的谢文龙，又一次让公交司机健康这个话题，成为市民热议的焦点。巴士集团有关人士也表示，将建立驾驶员健康档案，督促患病司机及时吃药、就医。

我们欣喜地看到，对公交司机的关怀，正在越来越人性化、制度化。

越是普通的劳动者，越是需要关爱，应该成为我们这个城市的共识；关爱每一位普通劳动者的健康，是我们这个城市应该有的温暖。

2011 年 12 月 13 日

人数的背后

每次重大灾难、事故发生后，从公众到媒体，都非常关注受难、遇难人数。因为，人数的背后，是鲜活的生命。

徐州丰县校车事故发生后，大家十分心痛，同样关心受难人数。可是，这人数，竟如橡皮筋一般，可以一下子拉出老长。昨天，丰县召开发布会，修正了之前公布的车内学生人数，由29人改为41人。虽然是知错就改，但政府的公信力还是受到了影响。

人数的背后，是生命。可是，在有些官员心里，却不这么想，他们会认为，人数关乎自己担多大的责、关乎头上的乌纱。于是乎，他们总希望，这个数字越小越好，甚至，不惜瞒报人数。

当然，没有证据表明，丰县方面报29人时，就是有意隐瞒；当然，勇于承认错误，总比死不认账强得多。但是，当时面对孩子的生命，他们显得草率、轻慢，是肯定的。要大致弄清车上有多少孩子，不难吧？

真心盼望，所有的官员，在处理任何灾难、事故时，在面对受难人数时，首先想到的，是鲜活的生命，而不是其他。

2011年12月15日

想想“苹果”和“茅台”

你在用“苹果”手机吧？当你买到它时，有没有感叹过，这款全球时尚手机的包装竟然小得不能再小、简单得不能再简单？你知道“茅台”酒吧？当你见到它时，有没有感叹过，这款中国最贵的酒，包装竟然几十年如一日，那么朴素简约。

说到“过度包装”之害，似乎谁都懂。资源浪费啦，制造垃圾啦，破坏环境啦，这些恶名，铁板钉钉。于是，上海拟地方立法限制过度包装，大概没有人会反对。

问题是，明明“过度包装”不好，为什么厂家要那么做，消费者会照样买。原因不外乎是：厂家可以借此牟利，消费者觉得买它送人有面子。至于那华美的包装会瞬间成为垃圾，则不理会了。那么，是不是只有靠“过度包装”才能赚钱？是不是只有送“过度包装”的商品才有面子？当然不是，其中道理，只要想想“苹果”和“茅台”，就不难明白了。

摒弃“过度包装”，立法，是个好办法，但最根本的，是转变观念。在低碳环保成为时尚的今日，我觉得，买或送“过度包装”的东西，是否有点 out 了呢？

2011 年 12 月 23 日

星星，还是那颗星星

这两天，小学生家长们“几家欢乐几家愁”。

持续十年的“通用少儿英语星级考试”取消了。一些送孩子参加培训的父母，有些失望；而个别家长因孩子没参加星级考，则有些窃喜。

可是，家长们马上发现，窃喜也好，失望也罢，都是多余。“通考办”摇身一变，成为“水平测试中心”，“少儿英语星级考试”之名，也可能延续。

星星，还是那颗星星。

一个小学生，双休日、寒暑假被家长赶着上各类补习班、考各类证书，早已不是新鲜事。英语星级考试，不过是其中一项罢了。

其实，哪个家长不心疼自己的孩子？谁不知道这些证书没多大意思？但是，幼升小、小升初时，有证书的孩子有优势，又是明摆着的。

教委再次重申，学校凭证书选拔学生将受罚。如果真能做到，考证热自然有望降温。可是，如果对学校、对教师的考核，仍以升学率作为最主要的指标，学校选拔孩子，又怎么管得牢？

只要升学率这把剑悬着，那“星星”，便总会在那里眨巴眼。

2011 年 12 月 27 日

微三百——2012

板凳要坐十年冷

“敦煌在中国,敦煌学在外国”,这句话,刺痛了几代中华学人之心。经常书鸿、任继愈、段文杰等几代专家的努力,使这句话渐成历史。

方广锠,一个陌生的名字,他的研究成果,再为中国敦煌学研究,加上沉沉砝码。昨天,本报用一整版率先报道了方教授参与主编《英国国家图书馆藏敦煌遗书》的故事。

“板凳要坐十年冷,文章不写一句空”,这句话,立志做学问的人,都知道。可是,真正静心坐冷板凳的,不多。方广锠算一个。从 1984 年起,他坐上敦煌学研究冷板凳,一坐,就是 20 多年。至今,他连手机都不用,就是为了排除一切干扰,潜心治学。今天,当他端出了堪称里程碑的成果时,又有谁知坐冷板凳的寂寞?

方广锠,令人尊敬,也令人羡慕。因为上海师范大学允许他长年待在北京寓所里,泡在浩瀚史料中。坐冷板凳,在内,要有定力;在外,要有环境。

急功近利之风,在高校,亦存在。真心想认真做学问的人,学学方广锠吧;真心希望出成果的高校,学学上师大吧。

2012 年 1 月 12 日

“黄牛”变“红牛”？

知道“黄牛”牛，不知道“黄牛”这么牛。

昨晚，上微博的网友都被“黄牛”的壮举惊呆了——他们竟然用几辆大巴车，从江苏启东拉来500人，通宵排队抢购“苹果4S”手机。一人一顶小红帽、队伍整齐、情绪饱满，一副有组织、有纪律的架势，难道，“黄牛”变“红牛”了？

苹果一向秉持所谓“饥饿销售”法则，把区区一部手机，弄得紧张兮兮，对此，有“果粉”愿者上钩，属“周瑜打黄盖”，大可“花开花落两由之”。

犹记周立波演的“打桩模子”，听到“警察来了”，便要望风而逃。市场经济条件下，有“黄牛”本不奇怪，但他们总归是上不得台面、见不得阳光的。像昨晚这样，“黄牛”大军堂而皇之、浩浩荡荡，倒是像公然下战书一般。对此，管理部门大概不能高挂“免战牌”。

昨天，就有人大代表向韩正市长直陈要重视“黄牛”问题，这并非小题大做。要维护正常的市场经济秩序，就不能让“黄牛”变“红牛”。

2012年1月13日

重温之后再出发

“一九九二年，又是一个春天，有一位老人在中国的南海边写下诗篇……”

20 年前的今天，邓小平开始视察南方，这首《春天的故事》，歌唱的，就是南方谈话。

进入 2012 年，许多人都在用各种方式重温、纪念南方谈话。“不坚持社会主义，不改革开放，不发展经济，不改善人民生活，只能是死路一条。基本路线要管一百年，动摇不得。”小平的话，今天读来，仍然那样亲切，那样有针对性。南方谈话意义深远，归结起来一句话，就是凝聚改革共识。

20 年来，成就巨大，有目共睹，谁也不能否认；同样不用回避的是，今天的中国，也存在着诸如贪污腐败、社会不公、贫富悬殊、环境污染等问题和困难。对此，怎么看？

发展顺利、成就斐然，并不是说就可以乐享其成、不用坚持改革开放了；矛盾凸显，困难重重，也必须通过进一步改革开放来解决。

今天，我们重温南方谈话，正是为了进一步凝聚共识，在改革开放的道路上，再出发，迎接又一个春天。

不改革开放，死路一条；改革开放，动摇不得。

2012 年 1 月 18 日

赵本山退出后

只有赵本山，退出春晚的消息，瞬间“引爆”微博，登上报纸头版；

只有赵本山，在春晚“盘踞”了长达21年……

要感谢赵本山，带给观众这么多欢笑，也祝他早日走出“极度疲惫”。

都说地球离了谁都照转，可为什么春晚竟像是离不开赵本山似的？这，几乎可称为“赵本山现象”；这，或许是赵本山的光荣，却是春晚的尴尬。

尴尬的，不光是央视，还有各地电视台。早些年，在除夕夜，各地电视台几乎高挂“免战牌”，将观众“拱手相让”。近两年，各地卫视虽然跃跃欲试，大有“分我一杯羹”之气概。可是，他们要么是“捡漏”央视春晚淘汰节目，要么是“挖角”央视春晚当家明星。录好的赵本山小品，将“游走”于五家卫视。不与央视争角的，只有安徽卫视；敢把本省春晚放在除夕播的，只有广东卫视。

央视春晚，能不能让人耳目一新？各地卫视，能不能多些地方特色？这个要求，不算高吧？

缺乏创新、固步自封、千篇一律、拾人牙慧，是文化发展之大忌。赵本山退出，会不会是个契机？

2012年1月20日

把笑话变目标

上天眷顾三亚。三亚之美，与世界上任何一个海滨度假胜地相比，毫不逊色。可是，三亚总是缺口“气”。这口“气”，即服务。

龙年春节刚过，三亚就闹了个笑话——针对游客在微博上发帖曝光排档宰客，三亚市政府新闻办在微博上称：“没有接到一个投诉、举报电话，说明整个旅游市场秩序稳定、良好。”

一方面，表示已查处宰客店家，一方面，还号称“零投诉”，确实可笑。在网友们的一番嘲笑之下，三亚官方昨天终于承认“上一条微博表述有误”。

愿意认错，这个态度，还是好的。只是，三亚旅游市场混乱，不是一天两天了，春节宾馆大涨价、饭店排档乱宰客、团队购物买假货、出租车与黑店串通……这些，早就是公开的“秘密”。从大宾馆到小排档，都满脑子只想变着法子捞钱，这种经营思路，是要把三亚牌子做坍掉的。

既然闹了“零投诉”的笑话，倒不妨将其作为目标来追求。提升服务质量与管理水平，是海南打造国际旅游岛的必由之路。想绕道？没门儿！

2012 年 1 月 31 日

转　身

车子转一转身，由横停改为斜停，如“变戏法”一般，6 个车位上，停了 11 辆车。

高国兴的一个金点子，让小区停车难矛盾迎刃而解。对此，物业“很感谢”。高国兴自己不开车，却热心公益，发挥专长，实地丈量，拿出方案。不仅如此，他还致信市长信箱，建言献策。

让车辆转身，这个好办法，当然值得推广。但此事带来的启示，并非仅限于此。

当今社会，发展快，自然会带来诸多“停车难”之类的“发展中的问题”。在问题面前，我们每一位市民，不妨转一转身，少发点牢骚，多动点脑筋，一起解决问题。这一点，高国兴是榜样。

更应该转身的，是管理、决策部门。不要高高在上，要多听民意、汲取民智，让决策更科学、更民主。这样做，既能提高城市管理水平，更能保护和提升市民的公民意识和主人翁精神。这一回，上门听取意见的建交委是榜样。

大家都转一转身，我们这个城市，会更和谐。

2012 年 2 月 3 日

“序长不序爵”

“序长不序爵”，半文不白，却成网络热词。

此语，出自南京大学校庆官方微博。校方称，接待嘉宾“只按年龄排先后，不以官位论大小”。

长幼有序，本是中华传统。可是，在“官本位”面前，传统也常常要退避三舍。就以大学校庆而言，我们见惯了黑发官员高居主席台、白发老教授台下排排坐的场面。南大“序长不序爵”被热捧，是有深刻现实背景的。

人们常常说大学本应是“象牙塔”，因为任务是教书育人，因此要尽可能少沾染世俗恶习，要有点风骨，要有精神追求。可是，校园也非世外桃源，社会上的种种现象，在大学里，总有“投影”。比如“官本位”，比如“行政化”，在大学里，就很通行。一些人，津津乐道于大学校长的级别；一些大学，扬扬得意于校友中有几多高官；一些教授，竟然抢着去竞聘一个“处长”官位……

正因为如此，大家为南大“序长不序爵”叫好。同时，也要看到，大学去行政化，要比校庆“只问长幼”难得多。同志仍须努力。

2012年2月8日

微博·威慑

不管三亚海鲜排档的老板们上不上微博,他们一定知道了微博的厉害。

到昨天,举报三亚海鲜排档宰客的两条微博,均被证明说的是事实。三亚官方给出了严厉处罚:富林渔村海鲜排档,吊销执照;海岛渔村海鲜城,罚款 50 万元。这样的处罚,大快人心,对宰客行为,是有足够威慑力的。

从“零投诉”到“无证据”再到“将对恶意攻击者依法追究责任”,三亚官方的态度,变化多端,回护之心昭然。好在,最终的结果,令人满意。

三亚旅游市场管理混乱、宰客盛行,早就臭名远扬。可是,游客的抱怨、投诉,多年来一直得不到正面回应,于是,“宰客刀”也越磨越快。这一回,是微博终于让三亚官方坐不住了。当然,传统媒体的跟进,同样重要。这,就是监督的力量。

没有监督,就难有良序。三亚“宰客门”能有今天的结果,不容易,当然,也不要天真地以为,宰客者会就此集体“从良”。但是,只要监督渠道畅通,三亚旅游就一定能向好。

他者,亦然。

2012 年 2 月 9 日

“情人节”里“无情”

“情人节”里，影院无情。

周二，影院对折日，今年遇“情人节”，还打不打折？有人说，逐利乃商家本性，要它放弃捞钱机会，无异与虎谋皮。果然，不幸言中。

且不说“电影院有满足人民群众文化生活需求功能”之类的大道理，就让你电影院“在商言商”吧。但是，即使将电影院当普通商家来看，亦有可议之处。

首先，是不合理。周二半价，是电影院正儿八经实行的做法，也算是与观众之间的约定。也因此，不少人养成了周二看电影的习惯。现在，遇“情人节”，你不打折了，等于单方面剥夺了观众本周二看半价电影的权利。

其次，是不合情。凡节假日，是赚钱的机会，这没错。但同时，也是与顾客增进感情的机会。全世界通行的“新年打折季”做法，自有其道理。可是，电影院为什么一看到“利”字，就那么急吼吼，就会见利忘义呢？当年，看《阿凡达》一票难求，就想涨价，也是一个德性。

电影院吃相这么难看，大家为什么非要去看电影？“情人节”里，可去的地方多了。

2012 年 2 月 13 日

又闻"保护性拆除"

梁林故居"维修性拆除"言犹在耳,又闻重庆"保护性拆除"。

这一回,拆的是"国民政府军事委员会重庆行营",已列入市级文物保护单位,当地文保部门的解释为"保护性拆除"。

维修也好,保护也罢,拿来作拆文物的借口,可谓荒谬至极。难道,以治病或是保护的名义,就能把一个人弄死再塑个蜡像?蜡像再逼真,还是个像。

说实话,当北京方面对拆除梁林故居的处罚意见出来,我就非常担心,会有人有样学样。罚款 50 万元,对房产开发商来说,那算得了什么?有人指责文保部门处罚不力,其实,查一查《文物保护法》,可知罚款 50 万元,已是上限。而"文保法"还有"依法给予行政处分""依法追究刑事责任"的条款,却鲜见人被如此追责。

因此,增加对违法拆除文物行为的法律威慑力、增加对主管部门的问责力度,已经刻不容缓。如果老是罚款了事,那么,"保护性拆除"歪风,真的要吹下去了。

下一个遭殃的,会是谁?

2012 年 2 月 16 日

历史照片

今天，上海几家大报不约而同，破例把历史照片用作头版“主打”。

40年前的今天，尼克松访华；20年前的今天，邓小平南方考察结束。当我们习惯于彩色主打照片的缤纷之时，这两张黑白老照片，显得格外厚重。厚重，源于历史感。

周恩来与尼克松那“跨越太平洋”的一握，已成为20世纪一个最重要的瞬间。尼克松说：“这是改变世界的一周。”今天回头来看，他说得没错。中美两个大国，从对抗走向对话，再到成为合作伙伴关系，对两国、对世界的和平与发展，意义重大。40年来，中美关系虽有曲折，总体一直是在前行。

邓小平南方谈话，同样影响深远。今天重温谈话内容，我们愈加体会到，坚持、深化改革开放，是中国发展的唯一道路。胡锦涛同志指出，“不动摇、不懈怠、不折腾”，温家宝同志重提邓小平名言，“不改革开放只能是死路一条”，这是全国人民的共同心声，是党中央坚持改革开放的坚定宣示。

重温历史，是为了看清走过的路，更是为了找准前进的方向。

2012年2月21日

直面制度缺陷

仅仅一天,市委书记就给市民回信了,并通过“上海发布”传遍街巷。这,或许是网络的便利、微博的神奇。

然而,细读秦岭同志的长信和俞正声同志的回信,让我们感动并感触的,远不是微博带来的便利与传播力,而是字里行间透出的情感与力量。

秦岭同志因父亲病重而致信俞正声同志,体现的,不仅是儿子的孝道,更是公民的责任。他对现行医疗保险制度“困惑和痛心”,并提炼出四条具体诉求,寄望于党和政府。

俞正声同志的回信中,既有“你的心痛也是大家的心痛”这样温暖人心之语,更有直面“制度缺陷”的勇气。这,亦体现出领导干部的责任所在。

制度有缺陷、现实有问题,并不可怕。可怕的是,对缺陷回避、掩饰,对现实妥协。

俞正声同志说,“我不能保证问题都能很快解决好”,这是实事求是的态度。但是,只要每一位公民、每一位领导干部都有直面制度缺陷的勇气和责任感,有改变现实的信心,齐心协力,共克时艰,未来,便有光明。

2012 年 3 月 1 日

记住，是为了未来

新华社也来小清新。

今天的日报采用了新华社的文章《那些年，我们记住的代表和委员》，一望便知，标题仿自那部描写高中生恋爱的台湾电影。

两会，是国家大事。报道大事，亦不妨小清新，贴近读者嘛。不过，这篇行文颇具散文笔调的文章，说的，仍是大命题。文章说，代表委员“为人民和国家利益鼓与呼，成为每年3月的报春声”，文章说，我们记住了钟南山、葛剑雄、蒋洪、韩德云、黄细花、戎嘉余、胡彪……他们中，有的批评代表自吹，有的要求高官道歉，有的坚持呼吁官员财产公开，有的力促提议化为惠民政策……

记住他们，是为了未来。今年，是本届任期最后一次全国两会。也许，他们中会有人不会在明年的3月里走进人民大会堂纵论国事。然而，在未来的日子里，我们仍需要这样的代表委员，真正担当人民的代言人。现在和未来的代表委员们，也请你们记住，你们从人民中来，你们的唯一使命，就是为民鼓与呼。

2012年3月14日

改革，只能进不能退！

“原以为温总理会掉眼泪，结果我掉眼泪了。”

这是一位网友边看温家宝记者会边发的微博。他还说，我掉眼泪，是因为总理说改革。

温家宝说：“改革只能前进，不能停滞，更不能倒退，停滞和倒退都没有出路。”“改革”成为今年两会热词，始自人代会开幕日。温家宝的政府工作报告中，“改革”一词出现近 70 次，彰显出本届政府在最后一年任期，面对改革“深水区”攻坚克难的坚定决心。

昨天，温家宝两次提及我党作出的《关于建国以来党的若干历史问题的决议》，有深意存焉。他说：“一切符合人民利益的实践，都要认真吸取历史的经验教训。”

当今，是个多元化的时代，在许多问题上，不妨各种观点纷呈，有争论，是好事，真理越辩越明。但是，在大是大非上，却容不得半点含糊。改革开放带来的问题，只能通过改革开放来解决。只要坚持改革开放，我们就对未来抱有信心。当前，必须凝聚改革共识。

改革，只能进不能退！

2012 年 3 月 15 日

宣判不等于“关门”

一个小蟊贼,竟头顶“大盗”的“名号”,是因为他偷了故宫里的宝贝。上午,案子在京宣判。

法院认定,被告人石柏魁的行为社会危害性极大,这么说,也因为他竟对故宫下手。对故宫而言,法院宣判,并不等于“盗窃门”关上了。

去年,故宫深陷“十重门”,声誉大损。新任院长单霁翔上任后,在各个场合向公众和媒体释放善意,表示整改决心,获得了舆论的欢迎与认可。不过,真正要关上“十重门”,并不容易。

有两条新闻颇可玩味:其一,单霁翔“故宫专家不得参与非公务文物鉴定”话音刚落,乾隆玉玺拍卖场,又闻故宫专家鉴定声;其二,媒体报道台北“故宫博物院”50 年仅丢失一页纸一包盐,而这包清代贡盐还是自然挥发掉的。这样的成绩,自然又让人联想到故宫的“门”。

单霁翔表示:“故宫应成令人尊敬的文化典范。”要实现这样的目标,故宫人自己首先要敬畏文化,要有文化守望者的使命感。如此,才可能一步一步,渐次关上“十重门”。

2012 年 3 月 19 日

敬畏历史

稍知明末清初，便晓“嘉定三屠”；知晓嘉定历史，定闻“二黄”英名。

都以为江南人柔弱，然而，嘉定官民抗清壮举，彪炳千秋。“嘉定三屠”，既是嘉定之痛，更是嘉定荣光。生长在嘉定的后人，对这段历史，对抗清英烈，理当敬畏才是。

可是，英烈的墓园竟成“养鸡场”，这是为什么？恐怕，不能把责任推给无知的养鸡人。英烈墓虽被列为市级文物保护单位，负保护之责的人，怕是许久许久未去现场察看过了罢？当地行政长官，怕是许久许久未去祭扫过英灵了罢？不然，怎会视而不见？

写这篇小文时，我有一种冲动，想去嘉定的中小学，问一问孩子们，知不知道“嘉定三屠”的故事？听没听说过侯峒曾、黄淳耀的事迹？读没读过“叶池”的碑文？

如果孩子们不知道，显然不能怪他们。连英烈墓都破败至斯，责任在大人。爱国，绝不只是一句口号、一种姿态，而是历史观、价值观，要落实到具体的行动上。比如，热爱家乡；比如，敬畏历史。

不懂敬畏历史，何以走向未来？

2012 年 3 月 20 日

不追求标志性建筑

一条黄浦江，两岸众高楼，是上海的象征。

曾几何时，我们为上海城市几十年不变，除了外滩就是国际饭店而自惭；20 多年来，各种标志性建筑，尤其是一栋栋摩天大楼拔地而起，又令我们自豪。不过，这个步伐，可能要缓一缓了。

黄浦江两岸开发不追求标志性建筑，是韩正市长昨天调研时说的。他说，要多考虑功能和整体协调，要经得起历史检验。

一个大都市，必有标志性建筑；但是，城市发展并不是标志性建筑越高越好、越多越好，还要考虑功能和协调。功能好不好、协调不协调，要从市民的切身利益和感受出发。

习近平同志在参加上海代表团审议时就指出，要加快智慧城市和郊区新城建设以及生态文明建设。这也是上海转型发展的方向。本质上，正是为了上海人民生活得更美好。

一个城市的所谓“面子”，并不在于楼高不高，而在于老百姓生活得好不好。包括城市建设在内的一切工作，都要以“老百姓生活幸福”为出发点。这，才是最重要的“标志”，才经得起历史检验。

2012 年 3 月 23 日

有感于茅台股价大跌

温总理“禁用公款购买高档酒”话音刚落，茅台股价应声大跌，市值一天蒸发142亿元。

对此，当然不要幸灾乐祸。毕竟，损失的除了茅台公司外，还有不少股民。不过，由此倒是生发出一些感触，值得一说。

茅台酒以公款消费为主，当是事实。要不然，茅台高管也不会听闻有人建议不准公款喝茅台，就急成那样。茅台公司维护自身利益，情有可原。然而，各级政府却要想清楚一点：如果真正做到“禁止用公款购买香烟、高档酒和礼品”，是利国利民的大好事。即使部分企业利益和地方税收受到一些影响，也是必须承受的代价。

眼睛只盯着局部利益和眼前利益，并非仅“力挺公款喝茅台”一例。远的，有“先发展、后治理”导致环境恶化，有忽视安全生产追求“带血GDP”；近的，有在控烟与税收面前首鼠两端。发展固然重要，科学发展、反腐倡廉更重要。

最后，想劝劝茅台公司，何苦在“公款消费”这一棵树上吊死。中国市场这么大，爱喝茅台的人这么多，前途光明得很。

2012年3月28日

一禁了之太简单

太湖快艇事故，致 4 名大学生遇难，实在令人痛惜。

对如此惨剧，人们都会反思，怎样避免悲剧发生。目前议论较多的是，未穿救生衣、领队无导游资质、客运货运航道混行等等。当然，事故原因复杂，不妨静等权威调查结果再下定论。

不过，也有报道称，上海多所高校在事故发生后，叫停了学生集体出游。下这样的禁令，其初衷不难理解：这样一来，可以最大限度地避免由校方承担相关责任。

只是，一禁了之，太简单了。大学生已经是成年人，可以对自己的行为负责了。与大学同学相伴出游，会给许多人留下终生难忘的美好记忆。禁集体出游容易，学生个人出游，大概禁不了吧？安全问题，还不是仍然存在？

正如交通运输部安全总监刘功臣所说，只要遵守水上交通规则，很多事故完全可以避免。当务之急，是加强生命安全意识教育、整顿规范旅游市场，下最大力气排除各类安全隐患。只要一切依法依规而行，旅行是一种值得提倡的健康生活方式，完全不必禁。

2012 年 4 月 6 日

赵普出题

央视主持人赵普发了条微博，劝大家不要吃老酸奶，时间不长，便被转发12万次，很火。这条微博，给大家出了道题目。

首先，要答题的，是我们每一个人。到底要不要吃老酸奶和果冻？绝大多数人，大概会选择先不吃为妙。

其次，是相关厂商。面对舆论，面对公众，面对市场，必须出面自证清白，所谓“危机公关”是也。

再次，是政府监管部门。在消费者没有方向的时候，他们最盼望听到的，当然不是厂商的公关，而是权威部门的声音。此时，政府绝不能失语。

最后，是赵普自己。他也必须正视自己出的题：一名新闻工作者，在加V认证、粉丝百万的微博上，应该如何说话？显然，这条微博只说“内幕很可怕”，而无事实作依托，即使是出于善意，也欠妥。昨晚，赵普自己删了这条微博，或许，正是意识到了这一点。

在日新月异的数字时代，类似的新问题随时会出现，对此，从政府到媒体、从名人到普通人，都要有责任心，既不回避，也不盲动。万事，当以事实为准。

2012年4月10日

改革需要先行者

事业单位改革,几乎成了“永恒”的话题。

20 世纪 80 年代中期,就有此动议;相关人事制度改革,早就于 1995 年启动;而昨天新华社受权播发的《中共中央国务院关于分类推进事业单位改革的指导意见》,也是一年多前就出台的。宏观至事业单位必须改革,具体至高校医院应该取消行政级别,早就达成共识。可是,说起来容易做起来难。可以说,这些年来,相关改革推进得并不顺利。

不顺利,归根到底,是触及了一部分人的利益。于是,“指导意见”提出了事业单位人员社会保险实行“老人老办法,新人新办法”,就是为了打消“事业人”的相关疑虑,确保他们的利益不受大的影响,以期获得他们的理解和支持。不过,事业转企也好,去行政级别也好,涉及的所谓利益,恐怕还不仅仅是养老、医保,还有很多隐性“待遇”,对此,“局级院长”“部级校长”们又会怎么想呢?

改革,需要先行者。比如,一贯得风气之先、本该引领社会思潮的高校,是不是应该带个头呢?

2012 年 4 月 17 日

越早公布越好

“问题胶囊”，千夫所指。

出了这样大的问题，如何应对？自然应该双管齐下：一方面，对违法者和责任人，当依法严惩依律问责；另一方面，要查清究竟是哪些胶囊有问题。此二端，前者平民怨，后者安民心，不可偏废。

上海食药监部门的应对，是快的。昨天，他们公布了最新抽查结果：一家药企购自新昌的胶囊样品铬超标。快速抽查、即刻公布，这是一种负责任的态度。

胶囊生产混乱至斯，上海也不是“净土”，并不奇怪。有一家上海药企采购“问题胶囊”，对此，亦不必恐慌。只是，公众自然而然地想知道：这是哪家企业？他们所购“问题胶囊”是不是早就随着他们的产品入市？若有，是哪几种药？

公布这些细节，既是对公众负责，也是对整个行业负责，总不能让清清白白的药企，也背上“黑锅”吧？

公布这些细节，是践行“公正、包容、责任、诚信”价值观之必须，亦是监管部门之本分。相信他们不会为相关企业和“问题胶囊”护短。

公布这些细节，越早越好。

2012 年 4 月 19 日

不能事事都靠公安部

公安部又出手了！

“毒胶囊”事件一出，公安部门雷厉风行，抓捕罪犯、查封工厂，昨天，公安部召开视频会议，部署积极配合有关部门严密排查、严厉打击“毒胶囊”犯罪。

对此，老百姓拍手称快，并相信，这次“毒胶囊”犯罪行为，将大为收敛。这样的信心，来自上一次公安部重拳出击，即足坛“反赌扫黑”。

打击犯罪，是公安部门的职责。各行各业，都可能有人触犯法律，因此，可以说，三百六十行，行行都归公安管。但是，不可能靠公安部门“包打天下”。公安部也说得很清楚，是“配合”有关部门严密排查。

从足坛窝案到“毒胶囊”泛滥，都缘于监管部门的失职，所以才要公安部门兴师动众。“毒胶囊”，又是媒体曝光的。人们都在问，为什么总是媒体走在监管前面？对于眼皮底下的“毒胶囊”，监管部门为什么视而不见？

不能事事都靠公安部，每一个公职部门、每一名公务人员必须恪尽职守，才对得起这个“公”字。千万别忘了，有一种犯罪，叫渎职。

2012年4月20日

为了那一脉书香

正如生物皆有生老病死,商店起落兴衰,很正常。只是,身为读书人,对钟爱的书店关张,总如失去了老朋友一般难舍。这些年来,我们送走了多少老朋友啊。

商品经济大潮,把书店一家一家挤出黄金地段;网络数字时代,电子阅读器与网络书店左右夹攻之下,实体书店真是喘不过气来。书店,真的要渐行渐远吗?

若问市场法则,若看挣钱多少,书店恐怕很难与人匹敌,书店式微,大概真是大势所趋。然,我们这个城市,真的不需要那一脉书香吗?当然不是。

读书多么重要、书店多么美好,毋庸多言。只是,懂得这些的道理的,从政府部门到读书人,都应该伸手帮一帮书店。这样的声音,近来渐响;好消息,也不断。前几天,小朱书店“重生”,人头攒动的景象,令人动容;上午,扶持基金资助的书店名单公布,看着这些熟悉的名字,令人欣慰。

为了都市里的那一脉书香,大家都出点力吧。比如,今天是世界读书日,我们到身边的书店去买一两本书,好不好?

2012 年 4 月 23 日

谢亚龙翻供之后

谢亚龙当庭翻供，舆论哗然。他有没有遭到刑讯逼供？这个疑点，成了一大焦点。

“反赌扫黑”，荡涤足坛污浊之气，人们无不拍手称快。足坛弄得这般乌烟瘴气，最重要的原因，就是有那么一拨人，躲在阴暗的角落里，净干些见不得阳光的勾当。同理，虽然“反赌扫黑”深得人心，也必须要讲程序正义，司法程序要见得了阳光。

如果存在刑讯逼供行为，那就是知法犯法、执法犯法，其对司法公正的伤害，绝不逊于个别官员的贪腐行为。新修订的《刑事诉讼法》，在保障人权、防止刑讯逼供方面，有很大的进步，也有具体的规定，比如要求检方承担自证没有刑讯的责任。

“反赌扫黑”行动之所以得人心，正是让公众看到法律的力量、正义的光辉。同样，我们有理由相信，司法部门一定会审慎、依法对待谢亚龙的翻供，给谢亚龙及其家人，也给公众一个公正的交代，使这场审判经得起历史和法律的检验。

从这个意义上说，谢亚龙之翻供，也是让我们彰显司法公正的一个良机。

2012 年 4 月 25 日

为申思祁宏痛惜之余

一般而言，每当犯罪分子被依法审判，人们都是拍手称快的。可是，昨天看到申思、祁宏戴着手铐出庭的样子，大家却都感到痛惜。

申思、祁宏，堪称上海足坛的偶像，他们都为上海乃至中国的足球事业作出过不小的贡献。祁宏还为中国唯一一次踢进世界杯立下大功。更重要的是，他们不光球技好，而且形象阳光、清新，待人接物斯文有礼，言谈之间颇有思想，一改人们对足球运动员粗鄙、浅陋之印象。有不少女孩子，就是因为他们俩，成为球迷；有不少家长，就是因为他们俩，送孩子去学踢球。所有这些，大概就是大家痛惜的理由。

可是，再怎么痛惜，也改变不了一个事实，那就是——申思、祁宏罪有应得。

一个人，无论你曾立下多大的功劳，无论你多么受公众喜爱，也无论周遭环境是清是浊，有一条底线必须牢牢守住，那就是法律。突破了法律的底线，功臣就会变成罪人。侥幸心理、从众心态，最终害人又害己。这，就是申思、祁宏犯罪给我们的启示。

2012 年 4 月 26 日

虽改口,难可口

“可口可乐”明显是在耍大牌。

可乐含氯,关乎公众健康,亦关乎品牌形象,可谓兹事体大。可是,“可口可乐”的应对,竟是如此不疾不徐。

开始,是抵赖;看赖不了了,才改口、才“深表歉意”;迟至昨日,方提出更换产品。不过,人家还是嘴硬,仍坚称“相关批次产品符合国家和国际相关标准,不会对人体健康造成影响”。

虽改口,难可口。且不说,如果“合格”且“无害”,又何苦更换、销毁含氯可乐;就说“可口可乐”这近三个月来的态度,就让人难以相信,这是一家著名跨国公司所为。

可口可乐为何这么强硬呢?他们的底气何来?说到底,这些个洋品牌,是被绵软无力的监管惯坏了。这不,可口可乐出了事,还有堂堂山西省食品质量安全监督检验研究院跳出来为他们遮羞,还帮着他们嚷嚷着要“追究当事人责任”呢。

喝不喝可口可乐,是消费者的自由;但可乐,绝无“含氯”的自由。这一次,看看监管能不能发力,让被惯坏的“坏孩子”学得乖一点。

2012 年 5 月 3 日

“论文博士”

人要吃饭——对！吃饭的，一定是人——错！

同理：博士要写论文——对！写论文的，一定是博士——错！

如此简单的逻辑，怕是连小学生也辨得清。可是，堂堂清华却大招“论文博士”。

事情缘起，是清华博士生王进文在微博上称：“山东省国土资源厅一把手正在清华大学法学院读博士，但从未见其上课。”对此，清华校领导在回应时，抛出了“论文博士”一说。据说，厅长的学习方式是：第一年每月上两天课，此后便不需要上课。

现在的官员中，硕士、博士何其多也。如果，他们的文凭货真价实，当然好。可是，其中有多少“论文博士”，恐怕只有天晓得。

头顶乌纱帽，还想弄顶博士帽戴戴的官员，很不少。如果说，这是以权谋私，他们一定会大呼冤枉。那么请问，一般草民，不上课，只写个论文，拿得到清华博士不？

国务院学位办副主任郭新立曾明确表示，不存在论文硕士和论文博士，若有，教育部“决不手软”。

据称，教育部已经介入调查此事。且看这一次，是软还是硬。

2012 年 5 月 4 日

情通理自达

不少“过度维权”案例，与民航误点有关。最出格的一例，是乘客上跑道拦飞机；最新鲜的一例，是5月7日，武汉突降雷暴雨，47名旅客竟霸机要求强行起飞，特警出马，才将其“劝”下。如此行为，不仅出格，甚至违法，已经完全超出了“维权”的范畴。

对“过度维权”，民航方面频频要求乘客通情达理。这样要求，自然没错。但不要以为，乘客总是不讲理的。昨天浦东机场的故事，就很说明问题——飞机滑行，男婴突发高烧，乘务组启动应急预案，将孩子送至医院，晚飞近两小时，乘客毫无怨言。

准点与生命，孰轻孰重，谁都掂得出来。有时候，只要做到了动之以情，便不难晓之以理。

民航方面，不妨想一想，如果站在乘客的角度多想一想，多与乘客作情感上的沟通，尽全力保障乘客权益，而不是冷冰冰地广播“抱歉地通知”，“过度维权”的事，是不是自然就会少下来？

要相信绝大多数人是通情达理的，只要情通，理自达。这个道理，并不仅限于此，应对医患关系、动迁矛盾、劳资纠纷等棘手问题，皆然。

2012年5月10日

有一种特权叫会所

金庸先生，是易俗为雅的顶尖高手。他老人家，硬是把文人雅士不屑一顾的武侠小说，写出了堂堂大气象。可是，纵是金大侠博古通今，也万万料不到他苦心经营并慨然捐赠的“云松书舍”，会被易雅为俗，沦为会所。

人总要吃饭、应酬，天下饭店无数，选择面可谓大矣。可有些人，偏偏要去寻常人难去之处觥筹交错、推杯换盏，似乎只有如此这般，才有感觉，方显身价。附庸风雅，算不得错，可是，占用公共资源，去寻个人感觉，那就叫特权。

其实，金大侠不必感到冤枉，沦为会所的，又何止他的“云松书舍”，不是还有堂堂故宫之“前车”吗？区区也曾“有幸”在胡雪岩故居喝过老酒，主人“神秘”相告，在此摆宴，是要报某级领导批的。

藏书清理一空，书房改作包房，胆大妄为至斯，又何苦强辩“不是会所”呢？是不是“会所”，很重要吗？

想来，经媒体曝光后，“云松书舍”将像故宫建福宫一样，回归本位。可是，天知道，那些有权有钱的人，又会琢磨着，去哪里喝老酒？

2012 年 5 月 31 日

遥望杭城

今天，我们遥望杭城，不是因为最美的西湖，而是因为最美的吴斌。

昨天，吴斌出殡，万人相送。今天，他的追悼会隆重举行，场面依然感人。吴斌，是一位普通人，但是，他当得起这一份隆重。吴斌之大仁之大勇，来自于一名司机的本分、来自于他的职业素养。

也是这两天，另一件同样发生在杭州的事也格外引人关注，那就是实习护士“虐婴门”。请读者原谅我在追悼吴斌的庄重之日，提及它。因为，两件事情一正一反，有着同一个内核，那就是职业道德。

诚然，我们不必因为有“虐婴”事件发生，便把如今的医德教育说得一无是处；同样，也不能因为有了吴斌这样的英雄，就无视各行各业职业操守低下的现象存在。重职业技能培养，轻职业道德教育的情况，大概并非个别。此两端，最起码，是并重的，缺一不可。

如果说，“做一行爱一行”更像一句口号，未必人人做得到，那么，“做一行像一行”，做司机像个司机，做护士像个护士，应该是职业操守的底线了吧？应该人人争取做到吧？

2012 年 6 月 5 日

控烟卖国?

控烟卖国?胡说八道!

说这话的,是国家烟草专卖局的一名官员。他对卫生部官员说:“你们要控烟?我告诉你们,这是在卖国,你们是公务员,工资的十分之一都是拿我们的钱!”

这句话,有两个大毛病:其一,乱扣帽子。动不动就说别人卖国,以显示自己无比正确。这样的人,在网上,也常见;其二,常识错误。公务员拿的工资,是纳税人的钱,怎么是你们的呢?

既然你把问题上升到“卖国”这么宏大,那么,我也来讲几句大道理——发展经济也好,增创利税也好,所为何来?归根到底,是为了人民生活幸福,其中,身体健康,是最重要的指标。控烟的目的,正在此。控烟,主要禁止在公共场所吸烟,这有什么错?一个文明的国度,总不能容忍少数人肆无忌惮地毒害大多数人吧?

无论是科学发展,还是以人为本,如果认同这两个大方向,都不难看出,控烟是标标准准的爱国行为。

那么,反对控烟的言行,算什么性质?我不想扣大帽子,送你一顶尺寸合适的吧:那叫误国!

2012 年 6 月 8 日

呼唤真评论

没有评论，难有活力。文艺创作，尤其如此。

上海设立“文艺评论专项基金”，定期拨款用于加强和改进文艺评论，媒体增加相关版面，稿酬也水涨船高。这，无疑是一桩大好事。

文艺创作，呼唤真评论。现在文艺评论有两个弊端，一曰假，即出于人情一味说好话，“红包评论”亦不鲜见；一曰空，即随便说些不着边际的套话、术语。我曾应邀出席过一本书的研讨会，作为“圈外人”，我惊讶地发现，发言的人中，只有我傻乎乎地认真读完了全书。有的专家，倒也“实话实说”——“书嘛，没看过，我就谈一点个人想法。”让人佩服的是，书没看过，他照样有本事滔滔不绝。

正因为文艺评论有此类现象存在，所以要加强和改进。增版面、提稿酬，加强的是“硬件”；更难的，是改进“软件”，即培养人才、营造氛围，要做好这个工作，就非一日之功了。我们相信，只要大家达成共识、持之以恒，那么，假以时日，一定能形成文艺批评百家争鸣的新局面，从而推动文艺创作。

2012 年 6 月 15 日

多想想他们

不期然，便大热了。

酷暑，谁都怕。不过，在空调如此普及的今天，大家又不怎么怕。我们坐在空调间里越是体感舒适，越是要多想想在烈日下冒着高温劳作的人们。

多想想他们，多关心他们，寻常的做法是，媒体报道他们如何辛苦，领导或是组织出面慰问，送些防暑用品。这样的关心、关怀，是很有必要的。但是，真正的关怀，得落实在制度上。这方面，也有好消息——

时隔半个世纪，1960 年公布的《防暑降温措施暂行办法》，经修订，终成《防暑降温措施管理办法》，即日起开始施行。

与暂行办法相比，新办法增加了很多明确规定，比如最高气温 40℃ 停止露天作业、高温天来临之前对高温作业者进行体检、中暑诊断为职业病可享工伤待遇，等等。

有了好的政策，就要抓落实。用人单位的领导，要认真学习新办法并认真遵照执行。千万不要木知木觉，既危害了员工的健康，自己也成了违法违规者。

再说一遍，坐在空调间的人，要多想想烈日下的劳动者。

2012 年 7 月 5 日

请吃与吃请

在国务院出台《机关事务管理条例》,对“三公经费”越管越严的背景下,各地也纷纷出台各种政策相呼应,这是一件大好事。

这不,温州出台的新规,被网友、被新华社称为“史上最细”。温州划了很多“红线”:如不得吃鲍、翅,不得喝茅台、五粮液,在市内每人每餐不得超过 60 元,不得签单、赊账,不得现金报销,等等。

这些规定,针对性很强,若能按照实行,善莫大焉。规定,就该越细越好,就不能让人钻空子。很希望,这一规定一出,温州的公务接待费用,能够明显地降下来。

此外,众所周知,对公务部门,特别是一些公权力机关来说,请吃之外,还有吃请,而且通常吃请的次数,要远多于请吃。如果,请别人吃工作餐,很是简朴,而一转身吃别人的宴请,照样胡吃海喝,可不可以呢?答案不言自明。

管了请吃,也该管管吃请。关于公务人员能不能吃请?如果可以,标准如何?也该有明确规定。

诚然,管吃请,要比管请吃难得多。但再难,也要管。

2012 年 7 月 13 日

谁能拿你怎么样？

这几天，南北各地的雨情及其造成的灾情，震动着我们。在这样的背景下，“防汛墙上搭‘城堡’”之怪状，更引发众人关注。

令人欣慰的是，长宁区有关部门出动了，他们到现场调查认定，“城堡”违法搭建事实清楚，将拆除之。闻风而动、闻过即改，执政为民，理当如此。

值得深思的是，敢于搭建违法建筑的人，往往很是“牛气”。这不，有人就对报纸的舆论监督不买账，叫嚣：“上了报谁又能拿我怎样？”这些人，“牛气”何来？

其实，记者是“无冕之王”云云，本是笑谈。但是，媒体的监督权，是党和人民赋予的。报纸曝光，不是要跟谁过不去，而是要维护社会的公正、公平和公民的合法权益，是要促使一些不合理，甚至是违法的现象、行为得以纠正。

在此，正告那些个“牛人”，你是不是把舆论监督当回事，那是你的事。但是，如果你胆敢违法，就一定有一种力量能“拿你怎么样”。这种力量，就叫法律。

2012 年 7 月 24 日

从数字到名字

当我们听到央视播音员将66位在“7·21”暴雨中不幸身亡的遇难者的名字一一念出；

当我们看到“北京发布”官方微博公布每一位遇难者的姓名、身份证号、遗体发现地点；

当我们看到人民日报郑重刊登遇难人员名单……

我们，被震撼了。

对遇难者，从公布数字到公布名字，这样的变化，是一大进步。

数字，是冰冷的；名字，则不然。名字的背后，有着生命的温度。

从这名单里，我们看到，这一位是老者，那一个是孩子；我们看到，有80后，有90后，甚至还有8个月大的婴儿……

今天，是他们的“头七”，我们在网上、在心里，为他们点燃蜡烛，祈望他们一路走好。

这份详细的名单，体现出的是善后工作的细致；公布名单，则体现出对生命的尊重。

公布遇难者名单，同时也是警示。逝去的这些原本鲜活的生命警示我们，要尽最大力量、作最大努力，防止不幸，减少悲剧。

尊重生命，是文明社会的基本准则，是责任政府的应有之举。这一次，北京市政府开了个好头。

2012年7月27日

抗抗生素

若有盘尼西林，华老栓再愚昧，也用不着让小栓吃人血馒头了——抗生素，是造福人类的重要发明。

可是，抗生素虽好，若滥用，则危害甚重。本文标题，玩个叠字游戏，实乃提醒读者，要抵抗滥用抗生素。

对于滥用抗生素的危害，医界早有共识，识者早有呼吁，但是情况依然严重。据说，多达90%的感冒病人习于向医生索要抗菌药物。故，卫生部颁《抗菌药物临床应用管理办法》，明起执行。有规矩，才成方圆。现在，就看如何实行了。

向公众宣传不要滥服用抗生素，消除“抗生素依赖症”，让大家明白其中的危害，这些，固然相当重要。但是，就“管理”而言，更重要的，是管住医院和医生。

仍以感冒为例，大家知道，抗生素的药价，要比寻常感冒药贵出数倍。个别医生明知滥服抗生素有害，却对患者“有求必应”，照开不误。个中，未免没有私心在。

于是，“医疗机构不合理用药将受处罚”这一条，便十分重要。刹住了“滥开”之举，“滥用”之疾，便不难治了。

2012年7月31日

直面“清廉指数”

《中纪委：我国清廉指数排全球第75位》——这是一家报纸今天的标题。

其实，并非中纪委新搞了一个“清廉指数全球排名”，做这个排名的，是总部在柏林的“透明国际”组织。他们每年都会公布排名结果，媒体也一直有报道。近年来，中国的排名在70余位徘徊，去年是78名，所以说“略有上升”。

这个排名由来已久，只是，由中纪委官员亲口说出来，颇具新闻性。报纸这么做题，情有可原。

在183个国家和地区中，排名75，说起来，属中上游。但是，无论如何，这个排名是难以令人满意的，与我国的国际地位，与人民群众的要求是不相符合的。中纪委官员能够直面洋人排出的“清廉指数”，并大大方方告诉国人，这是一种胸怀，更是实事求是的态度，值得赞赏。

直面“指数”，直面现实，不回避，不掩饰，是反腐工作的重要态度，也是起码态度。中纪委这位官员说，腐败问题“从有所遏制向全面遏制转变”。衷心希望，反腐败的力度大一点，再大一点，使得全面遏制腐败的目标，能早日实现。

2012年8月23日

无障碍

若干年前，残障人士无障碍出行，还是个新概念。现在，这概念早已深入人心。

已经深入人心，并不代表做到位，对此，看看时断时续的盲道，就不难体会；即使做得比较到位，也还不是万事大吉。

上海地铁的无障碍电梯等设施已经挺完善了，可是，指引标志却不多。于是，王安韵——一位脑瘫患者，和病友一起，坐着轮椅，在烈日下，奔波于一个个站点，为的是绘制一份无障碍地图。

读到这样的新闻，既感动，又脸红。无论如何，这样的事情不该由残障朋友来做啊！

为残障朋友绘制这样一份地图，地铁主管部门做起来，比王安韵们要容易得多。把相关指引标志做得更详尽完善，也是管理者的分内事。

城市管理，政府不可能包打天下，还需要群策群力。一些非政府组织、公益团体、志愿者的工作，同样不可或缺。不过，政府部门也应该从他们的努力中，寻找不足，甚至盲区，把工作做得更好。

让残障人士真正出行无障碍，要做的工作，真的还有很多。

2012 年 8 月 24 日

也请逐车排查校车

有时候，连成语也会显得那样苍白。

接二连三的特大客车交通事故，世人震惊。所谓“亡羊补牢，犹未晚也”，出了这么大的事，死了这么多人，“亡羊补牢”，是必须的，可是“犹未晚也”四个字，无论如何也说不出口。交通部昨天下发紧急通知，要求立即逐车逐线排查长途客车。这一要求当然很正确，但人们总会感叹，这样的排查，早一点做就好了。

在此，我们建议，开学在即，也请逐车排查校车。校车事故，曾发生过多起，孩子的集体夭折，恐怕更令人心痛。校车事故频发之后，国务院于上半年部署起草并公布了《校车管理条例》。前几天，教育部等20个部门联合发出通知，要求各地贯彻落实《条例》。

落实《校车管理条例》，头绪有很多，两条最重要：一是车况，二是司机。所谓逐车排查，就是要确保每一辆校车车况有保证、司机有资质。换句话说，必须确保由合格的司机开着合格的车辆接送孩子。

抓校车安全，赶早不赶晚，千万不要再“亡羊补牢”。

2012年8月28日

不能含糊

8 月最后一天。要评选本月“微博红人”，有两人必能入选，一为邹恒甫，一为杨达才。

二人蹿红，邹主动，杨被动。事件进展，如连续剧一般吸引人，看起来，现在远未到“大结局”之时。

最新的进展是，邹承认他“夸大”了事实；而杨戴的手表，已被网友找到了第 11 块。两起事件，都呈扑朔迷离之相，引来网友围观、热议，是很正常的。

其实，实名举报不法行为，是公民的权利；收藏佩戴各式手表，也不是什么不良嗜好。只是，有一点含糊不得，那就是事实。

具体而言，邹举报的事，非黑即白，如果确有其事，那么涉及其中的院长、教授，就要接受法律审判；如果邹在无中生有，那就涉嫌诽谤，也当追究其法律责任。“戴表门”亦然，如果这么多名表确实是杨达才用合法收入购买的，那就要还他清白；反之，若杨是又一个“周久耕”，必须依法处理。

邹、杨成为“红人”，也从一个侧面，反映出官员财产公开制度、群众监督机制尚不完善，值得深思。

2012 年 8 月 31 日

押错宝,错押宝

方大国停职了。“政委打空姐”,一起原本并不算严重的肢体冲突,引发为全国关注的公共事件,堪称典型案例。

关于此事,大致有三个版本:一、空姐版,二、越秀区委宣传部版,三、新华社版。从公众的反应看,绝大多数人,都相信方大国是动了手的。现在,方停职检查,也证明大家的判断并没错。相信,此事的真相,会公之于众。

现在并没有证据证明越秀区委宣传部在说谎,更大的可能,是他们相信了方大国的一面之辞,而且希望尽快平息事件,大事化小。最终却“小事化大”,这是他们始料未及的。

表面看,越秀区这次是押错了宝,他们没料到方大国是不值得信任的。实质上,是错押宝,如此轻率下结论,并公布结论,是把党和政府的公信力当作了筹码,这就大错特错了。

个别官员的错误,固然事关党和政府的形象,但只要处理得公开、公平、公正,完全可以提升党和政府的公信力。

可惜,越秀区这次走向了反面。我们当引以为戒。

2012 年 9 月 4 日

论集贤亭的倒掉

听说，杭州西湖上的集贤亭倒掉了，听说而已，我没有亲见。但我却见过未倒的集贤亭。

集贤亭，建得不难看，只是倒得很诡异。据说，乃因“瞬间风力过大”。杭州另一仿古建筑河坊街牌坊，一个月前也倒了，致两死一伤。

对仿古建筑，颇多非议，我也向来不以为然。然在湖山之间，总归是有亭翼然，看着顺眼些，造就造吧。

有人说，中国古建筑，多为木构，所以短命。此言大谬。木建筑，怕火，却不怕震，更不怕风。

且不说，在山西，尚有唐代木构屹立千年；只说汶川大地震时，都江堰景区中，真正的古建筑，只损皮毛，倒塌的，都是近年造的仿古建筑。

造仿古建筑，不能只去模仿古建筑的外表，而无古人对质量的敬畏之心。今天造的房子，即使未必要追求千年不倒，但“百年大计，质量第一”这八个字，总当谨记在心。仿古建筑，多建在人流密集的景区，能不慎乎？

集贤亭，只十年，便夭折。莫非他造亭的时候，竟没有想到会有瞬间大风的吗？

不该。

2012年9月14日

会协商才能共赢

每天乘电梯上下楼的年轻人,恐怕很难想象,住在老公房里腿脚无力的老人们,会如何望梯兴叹?

加装电梯,是个好办法。可是,许多事情说起来容易做起来难。难就难在,不同楼层的居民,想法很难统一。

全市有加装电梯需要的老公房多达5万余幢,要解决,显然不能光靠政府、光靠公益组织或企业“献爱心”。其中,居民自己的作用也很重要。

在这个利益多元的时代,也不能指望一纸行政命令来统一思想、平息争端。怎么办?最好的办法是,大家坐下来协商。协商之要义,是各方观点充分表达,各方利益全面考虑,然后,找到绝大多数人都能接受的平衡点,从而制定出大家认可的方案并付诸实施。

今天本报头条报道带来了好消息——已经有老公房加装电梯工程启动了。数以万计的老公房加装电梯,不可能一蹴而就,但是,如果能本着协商的精神,那么,办法总比困难多,能乘上电梯的老人,也会越来越多。

会协商才能共赢。这个道理,当然不仅仅适用于装电梯这一件事。

2012年9月21日

二十一套房背后

这下，蔡彬名气大了，麻烦也大了。

名气大，是因为这个广州番禺的处级官员，拥有21套房产；说麻烦大，是从蔡彬的态度看出来的。

一个人拥有几套房，只要见得了阳光，再多也不怕。蔡彬显然是怕：一则，他在申报财产时，有隐瞒；二则，记者问他，他矢口否认。

这次番禺纪委反应快、不护短，马上查实网民反映属实。21套房子的背后，有多少隐情、多少猫腻？相信纪委会查清。

蔡彬的21套房子，至少给我们两条启示：

其一，财产之中，房产最难隐藏、最易查实。纪检、反腐部门不妨把官员房产作为工作的抓手。

其二，官员财产公开，群众呼吁已久，全国多地进行了有益的试点，而广东省已在草拟官员财产申报、公示制度。这是大势所趋。官员财产，涉及面广，如何公开，政策性很强。若要化繁为简，也不妨先从公示官员房产入手。

其实，申报也好、公示也好，这些政策措施，最终是保护官员的。像现在这样，官员买块好一点的手表，也不敢戴，有什么意思呢？

2012年10月11日

莫言的房子

莫言得诺奖，是好事；随后引发“莫言热”，也是好事。

莫言的小说热卖，这是很自然的。近年来，即使是南非的库切、土耳其的帕慕克、秘鲁的略萨等人获诺奖，作品也在中国热销。莫言获奖，若能引得更多的人亲近文学，善莫大焉。

不过，在“莫言热”中，有两则关于房子的新闻，让人哭笑不得：其一，莫言在家乡的旧居，引来如潮的参观者，据说，当地政府早就有意出钱修缮。其二，莫言曾笑称想用奖金在北京买房子。那位一向风头甚健的陈光标闻讯便表示，要将他在京的一套房子送给莫言。

从奥运夺金的运动员，到飞上太空的航天员，再到荣获诺奖的作家，对他们，许多人就是习惯锦上添花。

莫言是清醒的，他反对政府修他的旧居，说这是“劳民伤财”；至于他会不会接受“标哥”的馈赠，用脚趾想也能想出来。

莫言得奖了，高兴就高兴，千万别瞎凑热闹。让文学归文学，大家还是去读莫言的书吧。小说畅销了，莫言自然会收获大把版税，修旧居、买新房，还怕没钱？

2012 年 10 月 15 日

善用政务微博

政务微博，渐成气候。

上海的政务微博群，总粉丝量超过 3000 万人次。这个数字，相当可喜。更可喜的，是他们呈现出来的亲民服务姿态。

韩正市长昨天指出，新媒体发展，对政府依法履职、完善管理和服务提出了新要求。可以说，善用政务微博，已经成为政府部门的必修课。上海的政务微博，起跑很漂亮，接下来，就看如何持之以恒、完善提高了。

善用政务微博，对于我们市民来说，也是一门新功课。就说说我在国庆长假中的经历吧。免费的高速公路，在长假首日拥堵不堪，让人心生惧意。我原定 10 月 3 日出行，也犹豫起来。3 日那天，我一大早就同时刷看几个政务微博，都说道路畅通，便决定按原计划出行。上午 9 时许，开上 G50 一看，路上几乎没车啊，简直是一马平川。看起来，许多朋友确实被吓怕了，他们又没有从政务微博上获取即时信息，就选择宅在家里了。

政务微博的重要宗旨之一，就是为我们市民服务，我们又有什么理由不去享受它呢？

2012 年 10 月 26 日

收了“神通”

在中国神怪小说里，真正的神仙，都静静地待在天上，无事不下凡。而弄得地上狂风大作、飞沙走石的主，看似神通广大，则非妖即怪。

现实生活中，亦如是。真正具有回春妙手的专家、名医，从来不会四处推销，更不会自称“包治百病”。而那些把老年人唬得一愣一愣的“神器”“神药”，则多半形迹可疑。

有不少老年人，平日里非常节俭，却心甘情愿成千上万地掏钱，去买那些昂贵的器械、保健品。而这些推销者，也真的神通广大，有本事让老人觉得“比亲人还亲”。

问题比较复杂：一则，这些玩意儿多半是打了擦边球，未必违规，难以查处；二则，孤独的老人们聚在一起“免费治疗”“免费旅游”，那“比亲人还亲”的氛围，谁来替代？

问题再复杂，也不能袖手旁观。首要的，要让这些个“神器”“神药”收了“神通”，打回原形，不能容许他们如此轻易地大骗其钱。

而他们施展的让老人觉得可亲可信的“神通”，我们做晚辈的、做老年人工作的，倒真是要学一学。

2012 年 11 月 2 日

均　衡

均衡，是学问，是艺术。

过去，一家有几个孩子，有学问、有艺术的父母，会公平对待，俗话说“一碗水端平”，即指其理。然而，绝对公平也不可能，比如“阿大穿新阿二穿旧阿三穿补”，亦是常态。

操持一个家庭如是，管理一个城市亦然。从公共服务资源配置来看，长久以来，一直存在着城乡差别。这样的差别，是客观存在，可以说举世皆然。但是，不能因此认为，可以听之任之。

公共资源中，教育、医疗，事关民生大计，是重要的两端。上海在均衡教育、医疗资源配置上，这两年下了大力气。前不久，我们报道了复旦附中、交大附中、格致、向明等名校赴郊区办分校的新闻。今天，我们又看到，华山、瑞金两所名院北上，分驻宝山、嘉定。

当然，名校、名院下乡，只是第一步。在郊区的名校、名院是不是名副其实，还有大量的工作要做，还有待时间的检验，还要看群众的口碑。好在，我们已经迈出了坚实的第一步，就有信心一步一步地把教育、医疗资源配置均衡化这项民生工程办实、办好。

2012 年 12 月 18 日

微三百——2013

格　调

意外，天降大雪；意外，乐手抱恙……

昨天，在浦江两岸，两场音乐会，连遭意外，一场推迟，一场取消，却都有了令人感慨复感动的结局。

浙江交响乐团风雪兼程13小时，一夜无眠，赶到上海，如约演出，听众说“格外感动”；法国“狼女”，突发高烧，无奈取消演出，上交快速反应、专业运作，获得听众理解，退票、换票、参观音乐厅，现场一派和谐。这两个故事，体现出的，是浙沪两家乐团的敬业、专业，是上海和全国的听众文明、有礼。也有人感慨：这到底是来听交响乐的，素质就是不一般。

建设国际文化大都市，是上海定下的发展新战略。所谓“大”者，并不仅仅限于建造多少个大剧院，策划多少台大演出，更重要的，是通过文化建设，通过高雅艺术，春风化雨，潜移默化，培育高格调的城市精神，养成高格调的市民素质。

昨天的这两个故事，从两家乐团到众多听众，都体现出令人感佩的高素质、高格调，让我们对文化大都市建设，信心倍增。

2013年1月6日

换位思考

妈妈80多岁了，每次请她来我家吃晚饭，总想留她住下来。可是，她老是拒绝，再晚，也要回去。理由很简单，她每天四五点钟就起床了，怕影响我们睡觉。

写这个，倒不是想说我的妈妈有多伟大，我想，为儿女着想，几乎是每一位母亲的本能吧？

每天清晨，在公园、绿地、街角上，放着响亮的音乐欢快健身的人们，基本上都是为人父母的中老年吧？他们为什么不考虑到这么响的音乐，对于在酣眠的年轻人来说，却是噪声啊。难道，别人家的孩子，就可以不管不顾了吗？

当然，发出噪声的，不仅仅是一些晨练者。一些工地、商家，对周边人家的骚扰，有过之而无不及。治理噪声，已经成为一个民生难题。《上海市社会生活噪音污染防治办法》的发布，提供了法律依据。

对噪声，依法治理当然很重要。与此同时，也要提请每一个商家和每一位市民，不妨换位思考——您自己也不愿意被噪声影响睡眠和生活吧？推己及人，如果因为你的行为，影响了他人，不脸红吗？

2013年1月8日

变抢跑为长跑

“不能让孩子输在起跑线上！”真不知道，有多少家长，受过这句话蛊惑；有多少幼儿园和学校，把这句话作为指南；有多少教育机构，靠这句话赚钱……

稍有常识的人都知道，起跑影响最终成绩的，是短跑，起跑慢了，再追，万难。所以，起跑线上，会有人抢跑。而长跑甚至马拉松呢？哪里会有人抢跑。

读书是短跑还是长跑？若按终身学习的理念，就像马拉松；即使仅以从幼儿园到大学而言，也要近20年，路漫漫，喻为万米赛毫不为过。既然是长跑，起跑不重要，抢跑无意义。

长期以来，教育界却习于“抢跑”，幼儿园“抢”小学的，低年级“抢”高年级的。说白了，抢了半天，都是为了高考，考上大学，倒像是跑到了终点，在人生最好的学习阶段，万千学子反而轻松潇洒，不再苦学了。

这种怪象，非改不可。这次市教委抓小学“零起点”，是抓到了点子上。于此，一则，希望教育部门一抓到底；二则，希望家长们再也不要相信“起跑线”之妖言。变抢跑为长跑，必须的。

2013年2月22日

假如雷锋活着

假如雷锋活着，他会不会穿补丁衣服？

假如雷锋活着，他会不会用手机微信？

假如雷锋活着，他会不会上网发微博？

……

这么问，多少有点无厘头。不过，从今天本报的报道来看，这么问，倒并非全无意义。报道说，有人参观“雷锋班”，惊问：“你们怎么不穿补丁衣服？”班长薛步瑞答：“我们学雷锋，就是让全社会所有人的日子过得越来越好。”

今天学雷锋，是学习他的精神，而不是机械地照搬他的行为模式。任何一种有生命力的精神，走进新时代，就一定会注入新的时代精神。

学习雷锋，当然要学习他艰苦朴素，然而，并不意味着衣服非打补丁不可；学习雷锋，当然要学习他助人为乐，然而，并不意味着非要到马路上看有没有老奶奶要扶。今天学习雷锋精神，就要与倡导和践行“公正、包容、责任、诚信”的价值取向相结合。法官公正断案、为学包容异见、为官恪尽职守、商人诚信经营，都是当今社会需要的正能量。

新时代，需要新雷锋。

2013 年 2 月 25 日

该禁则禁

不打自招，我是烟民。这个身份，不太环保。

春节前后，休假三周，去美洲旅行，箱子里，除了换洗衣服，还带了一条烟。各位猜猜，三周下来，我抽了多少？竟然不到两包。原因，自然是室内不让抽。

有读者可能会问，禁烟如此，一定是发达国家吧？没错，是在美国。不过，其间，我还去了中美洲的哥斯达黎加，首都圣何塞，就像我国中西部的小城。可是，在那里，宾馆、餐厅、酒吧，一律禁烟。同样的局面，在不少发展中国家，也遇到过。

人的自制力，是有限的。明知吸烟有害，可是总有我这样的人，吞云吐雾，害人害己。怎么办？办法只有一个，立法禁止。

我们已经有了“控烟条例”。所谓控，就有弹性。所以，条例实施三年，效果并不理想。有识之士提出来，上海应该立法，公共场所室内全面禁烟。

有些担心，是多余的。人家禁烟了，餐厅酒吧照样宾客如云；大家都不抽，烟民如我，也并不很难受。

禁烟利国利民，该禁则禁。哥斯达黎加能做到的事，我们有什么理由不去做？

2013 年 3 月 1 日

一起去看花

不知不觉间,鲜花盛开了。

这是最美的赏花季。只要你留意,总能发现,小区里、马路边,一树一树的花儿,开得正好。更美的赏花处,是公园、是花展。上海市民眼福不浅,上半年,各大公园的花展等主题活动多达 32 项。

花展里,有不少难得一见的珍稀品种等您去欣赏。比如,在新民晚报上海国际兰展上,您就能看到来自世界各国的兰花争奇斗艳。未来的上海,能不能成为全世界兰花的汇集地呢?这中间,少不了您的参与。

春光正好、鲜花正开,繁忙的都市人,请暂时放下繁杂的事务,放松心情,放慢脚步,一起去看花吧。幸福生活、美丽中国,都缺不了花容花香。

如果您感到忙得脱不了身,没有赏花的闲情,那请允许我抄一段朱光潜先生的名文:“许多人在这车如流水马如龙的世界过活,恰如在阿尔卑斯山谷中乘汽车兜风,匆匆忙忙地急驰而过,无暇一回首流连风景,于是这丰富华丽的世界便成为一个了无生趣的囚牢。这是一件多么可惋惜的事啊!”

慢慢走,欣赏啊!

2013 年 3 月 22 日

缺的不是技术

技不如人。如此喟叹,几乎遍及各个领域。足球踢不过人家,技术不行;产品卖不过人家,技术不行;汽车尾气比人家脏,技术不行……

确实,比之发达国家,技不如人处,很不少。只是,这个理由,未必可以时时处处用来遮羞。面对污染日益严重的局面,总有内行人士将其归咎于防污、治污技术不如发达国家,他们总是教育民众要有耐心,说是先发展再治污很正常云云。似乎等到有一天,我们科技昌明了,污染问题自然就没了。

真的是这样吗?

当然不是。请看今天本报头条报道,我们有治理 PM2.5 的新技术,可就是“墙内开花墙外香”,国外销路广,国内应用少。为什么呢?显然,大多数企业,一心从“利”,在国家标准尚未出台的情况下,不愿因此增加成本。

原来,我们缺的,并不是技术,而是企业的观念和社会责任感,缺的是更为严格的国家标准和政策法规,缺的是从严治污的决心和执行力。

2013 年 3 月 26 日

守护家庭的天使

我有个至亲，在医院工作，家里无论是老人还是孩子生了病，第一反应，总是抓起电话找她。小毛小病，吃点药就好。需要去医院，她也会告诉你到哪家更好。这么多年来，真没少麻烦她。

读者朋友，或许你跟我一样有这么个医生亲戚，或许你羡慕别人有亲戚当医生。那么，如果我告诉你，将来，上海每家每户都会有自己的医生来帮你，你相信吗？

这可是真的！

到 2020 年之前，上海要实现每个家庭与一名家庭医生签约的目标。这个目标并不遥远。而现在，已经有 300 多万市民率先享受了这一服务。

发展快、矛盾大，这是中国许多领域的现状，医疗行业也是如此。一方面，各级医院硬件大为改善；另一方面，看病难问题依然突出。推行国际通行的家庭医生制度，是均衡医疗资源配置、缓解看病难的最有效手段。市民不光可以就近看病减少奔波，而且可以享受优先转诊等服务。

家庭医生，堪称守护我们家人健康的天使。有病，先找家庭医生，在不远的将来，会成为我们的习惯。

2013 年 3 月 28 日

斩草除根

在诸多食品安全问题中，婴儿奶粉总是备受关注，因为我们爱孩子。

“美素丽儿”竟是“进口改造”，奸商恶行，令人气愤。更让人难以接受的是，早在去年 11 月 21 日，苏州市质监局已经查封了相关生产线，可是，这个“丽儿”仍在市场上搔首弄姿、招摇撞骗。为什么不在第一时间告知公众？为什么任由它继续毒害孩子？

当然不能说监管部门完全不作为，他们确实付出了艰苦的努力。但是，食品安全问题如此突出，恐怕还是与政府打击力度过小、监管措施不到位有关。仅以信息公开这一项为例，不知出于什么原因，不少地方总是犹抱琵琶半遮面，查出了问题，要么不说，要么选在夜半人静的角落悄悄地说，似乎总怕家丑外扬。这么做，算不算是助纣为虐呢？

在国家组建食品药品监督管理总局、各省市区重组食药监管理局的背景下，我们希望，如此调整，不仅仅是整合政府监管职能，还要加大监管打击力度。

对假冒伪劣食品，必须斩草除根。这一条，当然不仅仅限于婴儿奶粉。

2013 年 3 月 29 日

文明如何养成

大约 20 年前吧,在安徽某乡,当地朋友招待吃饭,有两个细节惊到了孤陋寡闻的我:一是拿脸盆装菜,一是鸡鸭鱼肉的骨头,都直接往地上吐。一开始,真不习惯。不一会儿,我也觉得大碗喝酒大块吃肉随地吐骨头,爽得很。

前两年故地重游,当地的餐厅很是像样,也有服务员殷勤地换骨盆。随地吐骨头,自然成了老黄历。

本月是“爱国卫生月”,讲卫生,提到了爱国的高度,不是一点没道理。所以,将在全市范围展开“行为陋习劝阻行动”,有必要、有意义。然而,文明习惯的养成,并不那么简单。

本文开头的例子说明,整洁的环境,可以塑造人。都说不少人有随地吐痰的陋习,但是,在机场或是五星级酒店,就极少见。市爱卫会负责人说,除了“劝阻”,更要整治脏乱环境。这话说到了点子上。如果我们要动用公共力量的话,首先应该下力气去除“卫生死角”。一旦那些“陋习高发区”卫生面貌改善了,那么,面对少数不文明的人,劝阻起来,会事半功倍。

2013 年 4 月 1 日

蓝灯熄灭之后

“秒杀《阿凡达》!”

这是复旦大学严锋教授对动画片《玛丽与麦克斯》的评价,片子讲述了澳大利亚小女孩玛丽与一个纽约自闭症患者麦克斯长达20年的书信友谊。

上午,严教授在微博贴出了介绍这部片子的旧文。显然,他这么做,是因为今天是“世界自闭症日”。

感谢媒体的报道,令我们越来越多地关注自闭症患者(尤其是自闭症儿童)这个特殊的群体。今天,东方明珠要为他们点亮蓝灯;今天,会有许多关心他们的活动举行。这一切,会让这座城市特温暖。

然而,像其他所有的“日”一样,类似的爱心,往往在这一“日”喷涌,而“日”后,又恢复常态,孤寂者,回归孤寂,自闭者,继续自闭。

设某某“日”,是为了提高公众对某一事物(如湿地)、某一人群(如自闭症患者)的关心、重视,这样的关心,应该贯穿到每一日,而不只是这一日。

这个世界上,又有几个人,如玛丽一般?

蓝灯亮起来,很快会熄灭。大家想一想,蓝灯熄灭之后,我们能做些什么?我们应该做些什么?

2013 年 4 月 2 日

文化遗产不是唐僧肉

悟空微博呼吁救唐僧!

这可不是微博时代的趣闻。“拆迁逼近玄奘埋骨古刹”一事经媒体报道后,反响巨大。孙悟空扮演者六小龄童昨发微博,呼吁“国家宗教局等有关机构及领导出面协调”。

玄奘法师埋骨西安兴教寺,已逾千年。如今,动拆迁的大棒,挥向了唐代古刹,理由,是丝绸之路联合申遗的需要。

丝绸之路是文化遗产,千年古刹难道不是?中华文明绵延不绝数千年,历史遗存宏富,这是老祖宗留下来的文化遗产。我们的责任,就是好好护佑,传诸后人。申遗的目的,一是光大中华文明,二是更好地保护。

可是,在某些地方政府和开发商看来,申遗如商机,遗产如商品,都是发财工具。将法门寺弄成“旅游小镇”的“曲江模式”,就是借保护遗产为名,行地产开发之实的一个恶例。

把文化遗产看作唐僧肉,“妖魔鬼怪”想吃一口,倒也罢了,负保护之责的地方政府一定要头脑清楚,如果你们也把玄奘骨当唐僧肉,那就上对不起祖宗、下对不起子孙,将成历史罪人了。

2013 年 4 月 11 日

“金字招牌”何时摘?

“金字招牌”谁来摘?

当挂满“金字招牌”的“美林阁”曝出电子秤作弊丑闻后,消费者都在问,这样的企业,还能由着它挂着“金字招牌”唬人吗?这些“金字招牌”难道不该摘吗?

提出这样的问题,不是要跟“美林阁”过不去,也不是针对“美林阁”一家,而是想指出一个现象:政府部门也好、行业协会也好,似乎只愿意做好人,而不愿做恶人。因此,只见“金字招牌”满墙,却不见人来摘牌。

对待企业,就应该奖优罚劣。只奖不罚,一奖定终身,不仅会让“金字招牌”蒙垢,更会让消费者们“吃药”。就拿被“人赃俱获”的“美林阁”来说,公众的一致意见是,这样的企业配不上“上海著名商标”的荣誉。民有所呼,我们的政府管理部门就该有所应、有所为!

“金字招牌”谁来摘?答案不言自明:谁发的,谁摘。现在,还要追问一句——

“金字招牌”何时摘?

我们拭目以待。

2013 年 4 月 13 日

为了安全

在所有的公共空间，要论不适，电梯为最。好在，乘电梯时间极短，这种不适感，常常可忽略不计。

但是，如果让人在电梯里待上几小时，又会如何？那一定会令人抓狂吧。在好莱坞电影里，类似的情节不少。以“电梯惊魂”为题材的惊悚影片，中外皆有。确实，被关在电梯里，很可怕，更不用说电梯突然从几十层楼坠落了。

抛开电影不谈，在日常生活中，电梯故障有没有可能发生呢？当然有。类似的事故甚至惨剧，都发生过。现在，很少有人会完全不接触电梯，上海每天乘电梯的人次，超过6000万，这还是去年的统计数据。而且，上海不少电梯已使用有年，隐患不少。

要最大限度减少电梯故障，只有加强保养、维修、检查。谁来出钱？谁来维保？谁来监管？这些，亟需法规明确界定，包括建立“强制消费制度”。因此，制定《上海市电梯安全管理条例》，极为必要。

电梯安全，人命关天，疏忽不得。

2013年4月16日

自律和他律

中国人，向有自律之道统。自古以来，寻常百姓，亦知“举头三尺有神明”，而读书人更是讲求慎独。这样的道统，对维系封建社会的道德和秩序，功莫大焉。

古今中外，也都讲法治，只不过法律体系和理念不同罢了。用法律法规来规范个人行为，是为他律。

有了法律，就应严格执行，不能成为摆设。从这个意义上说，最近全国多地整治“中国式过马路”，就很有必要。此举，一方面是为了交通安全，减少交通事故对生命的伤害；另一方面，也是为了维护法律的尊严。

对于闯红灯的危害，传统的做法，是宣传教育，试图通过讲道理，通过行人的自律，自觉遵守交通规则。现在看起来，光靠自律，成效不大。因此，需要加强执法来治理“中国式过马路”。除罚款外，各地还想了很多新办法，比如杭州推出大屏幕现场曝光的新招，都值得肯定。

希望这一回，不要搞一阵风的运动式执法，要持之以恒，像整治酒驾一样治出成效来。当他律越来越有效，自律的人，也会越来越多。

2013 年 4 月 20 日

短板是文化

世界五大车展式微，上海车展能执“牛耳”否？

这么问，并非“趁人之危”，而是“彼竭我盈”。说“彼竭”，略有点夸张，而“我盈”，完全是事实。“我盈”，盈在何处？在市场！市场大，带动车展火，是顺理成章的。

我们的车展，火则火矣，但显然还有短板，那就是文化。今年的上海车展，在禁令之下，车模喧宾夺主的现象，有所收敛。但是，车展上汽车文化的气息，仍然很弱。

汽车，虽然是工业产品，但它的设计、制造理念，折射出来的，是一个国家的人文精神。大家耳熟能详的所谓美系、德系、日系，其风格，就跟各自国家的国民性格有关。汽车文化的内涵，相当丰富。汽车市场的竞争，也是文化的竞争。

汽车文化薄弱，当然跟汽车进入中国家庭时间尚短有关，更与自主品牌研发薄弱有关。但这个，并不是借口。车展，就应该具有引领作用，引领的，不仅是汽车市场，还有汽车文化。

或者可以这么说——我们的汽车文化成熟之时，便是执世界级车展“牛耳”之日。

2013 年 4 月 27 日

均衡化是根本出路

谁都知道拔苗助长不好，可是，偏偏有那么多幼儿，在读各种小学课程；

谁都知道就近入学好，可是，偏偏有那么多孩子，天天穿越半个市区去上学；

谁都知道小升初没有考试，可是，偏偏有那么多小学生，被逼着去考各种证书……

谁都不是傻子，这么多家长这么做，无非是想让孩子进一个好学校。

对此，教育主管部门不是不管，各种禁令，也下了不少，可收效甚微。为什么？因为僧多粥少，因为好学校太少了。

如果，我们的小学和初中，教学质量差异不大，会如何？起码，就近入学的孩子会更多，拔苗助长的现象会更少吧？

要做到这一条，就必须走义务教育均衡化之路。推进教育均衡化，有成果，也有困难。

如果身边就有好学校，而且不用考试就能入学，谁还会逼着孩子去遭那份罪呢？

要改变拔苗助长、考证成风、舍近求远等怪象，教育均衡化即使不是唯一办法，也是根本出路。

方向认准了，就要坚决走下去。

2013 年 5 月 2 日

施政须谨慎

新闻事件，有潮起，便有潮落。新闻报道，常随之起落。有时候，等潮落了，再进一步观察、报道，也是很有意味的事。

“国五条”引发的离婚潮，退落了。今天，或许我们更能够冷静地想一想这潮起潮落的是与非。

提醒市民“楼市有风险，离婚需谨慎”，确实是出于善意。婚姻神圣的道理，大家也都懂。面对陡然涨起的离婚潮，一味指责离婚者“重利轻义”，怕是难以服众。必须要评估、反思其中的政策因素。

为了钱离婚，自然算不得高招。但出台一项政策，逼得人家去离婚，更是昏招。当一项政策出台，被许多人钻空子，甚至败坏社会风气，就不能不反思，政策本身有没有问题。任何一项政策出台之前，都要进行风险评估。出台一项经济政策前，除了经济风险必须要仔细论证外，社会道德风险也不能不考虑，道德滑坡对社会的打击万万不可小觑。相对来说，挽回经济损失易，挽回道德滑坡难。

古人云：“贪鄙在率不在下，教训在政不在民。”为政者能不慎乎？

2013 年 5 月 4 日

点与面

上海的治安工作,有口皆碑。

治安好,说明“平安上海”建设成效大,警方功不可没。

当然,治安工作做得好,不等于没问题,更不等于犯罪分子都会“金盆洗手”。有时,个别问题还会比较突出,比如各种诈骗行径,就猖獗得很。身边许多人都碰到过,不堪其扰。对此,警方发重力,开展专项行动严厉打击,很有必要。我们希望,今起开展的“打盗抢、防诈骗、严管理、保平安”专项行动能收到实效,捷报频传。

上海警方表示,将“什么犯罪高发就重点打击什么犯罪、什么问题突出就重点整什么问题”,持续不断,严打犯罪,这是很好的思路。任何工作,抓重点,更易抓出成效。然而,在注重“点”的同时,也不能忽视“面”。“平安上海”建设,要重日常、重长效。重点整治、专项行动,绝不能像“一阵风”,刮一阵子就罢。那样,犯罪分子说不定会卷土重来。比如打击诈骗,靠一个专项行动,怕是不够的。

“点”“面”结合,既抓重点,亦抓长效,如此,方能除恶务尽。

2013 年 5 月 7 日

报纸与微博

一天不到，找到两人。

昨天，本报头版刊发了一张 20 年前的老照片，寻找参加地铁开通仪式的小学生。很快，有两位母亲认出了自己的孩子。新民晚报的“寻人功能”，强大依旧。

其实，一个多月前，申通地铁就在其官方微博“上海地铁SHMETRO”上发布了这张寻人照片，转发评论数不少，却没找到人。要知道，这个微博的粉丝数达 380 多万，比本报发行量大许多。

找到一两个人，并不值得沾沾自喜。不过，关于这个小故事，还是有几句话想说——

在下的微博，曾被“大 V”转发过几次，顿时应者如云，让我领教了微博的力量。有人粉丝数巨大，便以为自己影响力也巨大；更有人认为，在新媒体时代，报纸可以退出历史舞台了。其实谬误大矣！

报纸与微博，受众面有重叠，更有分叉。新民晚报读者的忠诚度，比新媒体要高得多。因此，报人不应妄自菲薄，而应更加聚精会神办好报纸。

进而言之，对于新媒体反映出来的舆情，既要高度重视、认真倾听，也不要以为那就是民意的全部。

2013 年 5 月 10 日

只要有法可依

仔细想一想,几乎万事皆有风险。

比如,买一辆车开开,很爽,但车开在路上,就有出事故的风险。那怎么办? 有交通法规,依法处置,便是保障。因为有法可依,对买车,大家趋之若鹜。这个“依”,既可解为“依从”,也可看作“依靠”。法律,就是我们的依靠。

拼车出行,好处太多了,不赘。也有坏处,那就是有风险。其风险,简单梳理,大概有二: 其一,开车的怕遇坏人,乘车的怕坐黑车;其二,开车人、乘车人都怕受罚。这样的担心,当然是有道理的。如何破解? 唯一的途径,就是建立制度和法规。

如果有法可依,开车人和乘车人自然就没有被指“非法营运”的风险了,而大家担心的安全问题,也完全可以通过建设服务平台、备案制度来解决。只要制度完备,乘车人可以了解开车人有无资质,开车人也能够掌握乘车人的身份。拼车合乘是个相对稳定的组合,只要法规完备,其安全系数,完全可以做到高于扬招出租车。

总之,只要有法可依,拼车合乘就可以大行其道。

2013 年 5 月 11 日

要引导不要误导

大学生，不再是天之骄子了，这大概是事实。

这么说，有两个指标，一曰易，一曰难：说易，是考大学比以前容易多了，上海的高中生，绝大多数都进入高校；说难，是大学生毕业后找工作，确实比以前难多了。

说大学生就业难，也要辩证地看。难，主要体现在两条，一是学生对岗位和薪水的期望值比较高，要达到不易；二是在北上广等大都市，人才云集，僧多粥少。对此，把实际情况告诉大学生，加以正确的引导，帮助他们树立正确的择业观，是应该的。

但是，也有些媒体故作惊人之语，“上海、广州等地大学生签约率不到三成”“今年可能成为大学生史上最难就业年”等消息，让人心惊肉跳。果真如此？本报记者调查发现，这类说法，站不住脚。这样的消息，是有误导作用的。一则，造成学生和家长的恐慌情绪；二则，给用人单位以错误信息，无端抬高用人门槛。

权威的消息是，上海高校今年仍能保持较高的就业率。对于大学生就业，要引导，不要误导。

2013年5月13日

从娃娃抓起

有些话，说得多了，便似老生常谈，但却未必不对。比如“从娃娃抓起”，其实在很多时候，仍是至理。

要解沪语传承危机，要从娃娃抓起，特别要从幼儿园的娃娃抓起。为什么？因为问题，或曰危机，恰恰是出自幼儿园。许许多多上海孩子，原来是会说上海话的，可是因幼儿园只准说普通话，一入园就此改口。说上海话的爷爷奶奶、外公外婆们，不得不跟着孙辈说“洋泾浜普通话”，几成申城“一景”。

现在，市教委答复政协委员的提案说，将在幼儿园试点上海话教学，这是个好办法。正可谓“从哪里跌倒就从哪里爬起来”。

有人担心此举会对外地孩子不公，亦属多虑，幼儿阶段，学语言能力超强，孩子们学起来，快来兮。

上海本来就是个移民城市，我们的祖辈、父辈当年从五湖四海而来，不是大多都学会了上海话？身为新上海人，会说上海话，有何不好？

方言是地方文化的载体之类的道理，说过很多次了，不赘。

解上海话传承危机，现在开始从娃娃抓起，来得及。

2013 年 5 月 14 日

关键是成就感

先说一个真实的故事。

我有个朋友，他有个优秀的女儿，名牌大学毕业，在金茂大厦一家国际金融机构工作，年薪极为丰厚。对她，人人羡慕。突然有一天，她放弃了这一切，去读一个联合国委培的慈善项目研究生班。读了一年，毕业，被联合国派驻苏丹工作，工作环境艰苦、薪资远不如前，但她乐此不疲。对女儿的选择，父亲有心疼、担心，但更多的是骄傲与自豪。

这个故事告诉我们，千万不要以为当今的年轻人只知道挣钱、贪图安逸，其实，他们有理想，他们要的是成就感。公益组织成大学生就业“新宠”的报道，同样说明了这一点。

对大学生就业难，从媒体到专家都希望大学生转变择业观，要勇于到基层和艰苦的地方去。这是对的。同时，我们也要设身处地为大学生着想，想想如何帮助他们实现人生理想，如何让他们在工作中享受成就感。

提供更多像公益组织这样的岗位，虽然薪资不高，但能够让大学生有用武之地、有成就感，这是缓解就业难的有效路径。

2013 年 5 月 20 日

要好玩

世博园里又排起了长队，这是市民在上海科技节上“玩科学”。

既然是世博园里“旧景重现”，那先来回忆一下世博会。世博会的重大意义，可以罗列一长串，但留给我们普通人的印象，除了排队辛苦之外，就是好玩。换句话说，之所以有这么多人宁可排长队也要来参观，也是因为好玩。

从本质上说，学习、工作之余，绝大多数的参观、游览都是玩。这么说，并非要抹杀众多活动的意义，而是想提醒诸多活动的主办方，在业余时间，想玩得开心，是人之常情。如忽视了这样的人之常情，活动要成功，不容易。

寓教于乐这个词，几乎被说滥了，好像人人都懂，其实未尽然。许多人过多地把着眼点放在“教”上，对如何让人“乐”，则着力甚少，如此，寓教之目的，其实很难达成。

让人玩得开心，应成为各种节庆活动的追求目标。就拿上海科技节来说，只要让人玩得开心了，实现提倡科学精神、推销高科技产品等大小目标，就很容易了。

2013 年 5 月 21 日

软件本无错

十多年前，手机还只是个手提电话机。去韩国一电器公司采访，研发人员展示了一个触摸屏的概念机，说："将来，手机将成为我们生活中最重要的工具。"

今天，他的预言已经全部成为现实。手机之万能，令人叹为观止。微信兴起，连手机最基本的通话、短信功能也弱化了。就这样，打车软件应运而生。

就好比火药问世，有人做烟花，有人造枪炮。软件本无错，就看怎么用。一项新技术诞生，带来方便的同时，也会带来问题，这一点也不奇怪。

手机打车软件之所以风行，恰恰是因为打车太难、因为正规叫车系统难以满足市场需求。对此，管理部门不妨想一想，如何借鉴，为我所用。有问题，就想办法解决问题。

一禁了之，固然痛快，却失之简单。再说，周瑜打黄盖，你鲁肃想拦，只能说明你笨。人家愿打愿挨，你怎么拦得住？

十几年前，科研人员就预见到了手机多功能时代的图景。今天，身为城市管理者，若还对此视而不见或是拒之门外，那就真的out了。

2013年5月23日

诗意地生活

今天，还需要诗歌吗？夏雨诗社复社的消息，引发许多人如此发问。

这条消息，也令我想起了我的80年代、我的一位大学室友。为免攀附名人之嫌，姑隐其名。他，是我们班最热衷于诗社活动的人。他的诗如何，我是外行，不评。但他有梦想、有激情，确实有诗人特质。十几年前，他辞去公职，怀揣8万元，准备开设传媒公司。当他来沪跟老同学说这设想时，自诩为脚踏实地的我，认为他在痴人说梦。可如今，他的梦想早已实现，公司已上市，制作的影视产品家喻户晓……

全班最热衷于写诗的人，成了最有钱的人，这不可复制。诗歌与金钱，也没什么关系。我只是想说，诗人并非不食人间烟火，有了激情与梦想，人生会更精彩。

即使是每天为柴米油盐奔波的普通人，也不必拒绝诗意。停下匆忙的脚步，闻一闻小区里的花香；放下手头的工作，去山里看看久违的星空；抛下恼人的K线图，想一想究竟要过怎样的生活。

不可能每个人都成为诗人，但每个人都可以为生活增添几分诗意。

2013年5月28日

勿忘美育

今天，到中华艺术宫的孩子们，是幸运的。他们的小手，将由画家们的大手牵着，神游艺术殿堂。

但是，对于孩子们来说，仅有这一天，是远远不够的。

在发达国家的博物馆、美术馆参观，几乎每次都可以看到成群的孩子，或站名画前、或坐大厅里，聆听老师讲解。看了，真羡慕。这样的场景，在我们这里很少出现。倒是常有孩子在馆里嬉戏打闹，影响他人。这，当然不能怪孩子，因为没有人教他们如何参观美术馆。

审美的眼光、审美的情趣，是要教的。即所谓美育是也。艺术创造力和审美素质是民族素质重要的组成部分。在提倡素质教育的今天，千万别忘了美育。在不增加孩子负担的前提下，要带他们走进博物馆、美术馆。

名画原作与教科书上的图片，天壤之别。上海的孩子很幸福，在他们身边，就有世界一流的艺术殿堂。教育部门应该形成制度、投入资金、培训老师，大手牵小手，让孩子们有固定的时间和地点，欣赏艺术名作、领略艺术精粹，拥有一双欣赏美的眼睛。

这件好事，只要下决心去做，并不难。现在，就做起来吧。

2013 年 6 月 1 日

不要束之高阁

沪崇间的大拥堵，我是领教过的。

清明那天，一早驱车往崇明，车如蜗行，堵了近5小时，仍未上高速。我发微博诉说“惨状”，令好几位朋友取消了行程。至外环线出口，我逃离堵阵，5小时的“来路”，只花了36分钟，便到家了。

今天的“新民观察”，提了些建议，供管理部门参考，希望能在端午小长假里派上用场。这些建议有没有用，需要实践来检验。但文章提出的一个思路，我认为相当重要，那就是要借鉴世博经验。

大家都记得，上海世博会期间，我们的城市管理者集中大家的智慧，有一套行之有效的解决道路交通拥堵的办法，这些实践的成果，是上海的宝贵财富，千万不能束之高阁，需要重新认真梳理，用于城市建设和管理，让市民生活得更有序、更美好。

从这个意义上说，借鉴世博经验，疏解沪崇堵点，仅仅是一个开始。

2013年6月8日

疗 伤

记者把冒用敬老卡，喻为城市文明的伤痕，我以为很恰当。

看起来，每次冒用敬老卡“揩油”的金额不大，但积少成多，造成的经济损失并不小。经济账之外，还要算算文明账、道德账，对上海城市文明形象的损害，同样不可小觑。

冒用敬老卡之类的行为缘何如此普遍？原因大概有二：其一，逃票者认为，这算不得什么大错；其二，逃票很少被查获，即使偶尔被抓，也没什么了不起，所谓“违法成本很低”是也。

所以，这道伤痕越来越深。

何以疗伤？

恐怕，这个需要政府部门下决心。首先，自然要加大检查力度；其次，也是更重要的，要立下严格的规矩，让人有所顾忌。平心而论，绝大多数的逃票者，在日常生活中，还是很顾及自己形象的。因此，对于那些屡罚屡逃者，不妨请他们上“黑名单”，并通过网络或媒体广而告之。你一再伤害城市文明的脸面，结果呢，自己的脸上很不好看，这可算是自食其果吧？

正所谓以儆效尤，只要治住了害群之马，更多的贪小之人，一定会有所收敛。

2013 年 6 月 15 日

先“知”后“识”

要不要让学龄前孩子提前学小学知识？多少年轻的爸爸妈妈为此焦灼着。

其实，就像那句老话说的：“都是为了孩子好。”身为父母，怎么会看不到孩子提前学知识之苦，可是，他们不就怕孩子落后嘛。市教委宣布，从今秋起，全市小学将实行“零起点”教学，家长悬着的心或许可以稍稍放下。可是难免还有家长想，让孩子多学一些知识总是好的。

让孩子多学些知识，当然好。问题是，学什么？怎么学？依我看，不妨先“知”后“识”。

先“知”——父母先从自己做起，营造一个有利于孩子成长的家庭环境，让孩子从小养成良好的生活习惯、行为规范，让孩子懂得爱，爱长辈、爱朋友、爱动物、爱环境、爱自己。

后“识”——在孩子知道了基本的做人道理，有着良好的教养之后，再根据孩子不同的年龄阶段，让他们试着识字、背诗、认ABC……

真正做到“零起点”，恐怕不是下个文件这么简单，会有一个过程，需要全社会的努力。而家长们走出“知识焦灼”，也是重要一环。

2013年6月22日

统一标准

稍微上了点年纪的人，一定知道“出口转内销”这个词。当年，这五个字，就是优质产品的代名词。

在物资匮乏年代，国家又外汇短缺，自己将就将就，把好东西让洋人享用，也鲜有国人提出异议。

今天，我国已成为世界第二大经济体，可是，在产品标准这件事上，却仍“内外有别”“外紧内松”。甚至，有生产问题奶粉的企业，还派人跑到海外公开声称，他们出口的产品要好很多。也有国外企业，到了我们这里，“入乡随俗”，享受起“松”的好处来。

对此，大家已不再安之若素。许多人尖锐地发问：“难道，洋人就比我们金贵？洋人的生命就比我们值钱？”实行双重标准，是经不起这样追问的。

虽说，执行高标准或许会增加生产成本，但为了群众利益、商品安全，我们要借鉴国外成熟市场的标准，产品标准要就高不就低，向高标准看齐。

在经济全球化的今天，统一产品标准，是必须的，中国绝不应该成为世界“标准洼地”，中国人绝不能成为低标准的“试验品”。

2013 年 6 月 29 日

出梅闲话

昨天出梅，接下来，就是酷暑。

夏天，总有夏天的话题。比如，前一阵子大家讨论的大学宿舍装空调的话题。主张装的，理由有二，一是现在比过去热，二是现在比过去条件好。于是，不装，似乎很不人道。我觉得，倒不必因循旧例，只要不增加贫困孩子的负担，有条件，装就装吧。

其实，更不应该忘记的，是还有很多人没有办法在空调下工作。这样的职业、工种，就不一一列举了。只想说，天天在空调里工作的人，在夏天，心里要多想想他们。如果是领导、如果有决策权、如果有条件，就应该尽可能为在烈日下、高温里工作的人们着想，多创造一些好的条件，尽可能减少他们的劳动强度、工作时间，尽可能给他们多发一点高温津贴，尽可能多给他们一点关爱。

关爱高温里的劳动者，是个老话题。一方面，以前有不少好的做法，要坚持；另一方面，每年是不是也要动动脑筋，把这件事做得更好更完善。

出梅了，说几句出梅闲话，其实是老话。虽是老话，提醒一下，总没坏处罢。

2013 年 7 月 1 日

暑天老调

前天，写了篇《出梅闲话》，提醒身为领导者，要关心在高温里工作的劳动者。那几句闲话，是老调重“谈”。

老调重弹，其实是反复提醒。比如，刚到暑假，就有孩子出事。暑假里要看护好孩子，这样的老调，还真不能不弹。

今天要弹的，是另一个老调——节电。天一热，用电量骤增。昨天，上海最高用电负荷达 2455 万千瓦，创今年新高。这“新高”，会不断刷新。类似新闻看多了，可能有些人会无感。

但，这可不能不重视。保证市民用电、保证城市运转，没电不行，少电也不行。上点年纪的，都还记得那些个常常拉电、让电的夏天吧？如今，电力充沛多了，但用量也倍增，到了夏天，电力还是很紧张。所以，还是要大家都来节电。比如，说了几年的室内温度不要低于 26℃，有没有做到呢？看电影要添衣服，去吃饭要围披肩，不光麻烦，而且浪费。

另外，大热天里，实在不希望在电视上看到一帮人西装笔挺开会的镜头。这个，需要领导干部带头。

夏天节电，如此老调，年年弹，有必要。

2013 年 7 月 3 日

夜来香

“夜来香”,因为那首著名老歌,似乎成了老上海的一个小符号。不能不说,这个意象,很是甜俗。

说到老上海,现在许多影视作品呈现出来的,不是夜来寻香,就是大亨斗法,让人几乎忘了,上海还曾是文化重镇。别的不说,仅以出版业而论,就曾占据全国“半壁江山”。老上海,有书香。

为了“书香上海”,许多人一直在默默努力。一年一度的上海书展,便是这种努力成果的集中展示。一个老牌书展,要常办常新,很不容易。今年的最大亮点,是天天有夜场。白天,一则骄阳似火,一则还要上班,绊住了不少人寻觅书香的脚步。现在,上班的书迷有福了。

夏夜,逛书展、觅好书、听讲座、见作家、会朋友,多么惬意。而买回家的好书,还会忠诚地伴我们度过一天又一天。

上海,不应满足于成为经济大都市,更应成为文化中心;上海人,也不要只埋头营造富足生活,还应该充分享受我们身边的文化设施和文化盛宴。

夜来飘书香,这是上海最好的“夜来香”。

2013 年 7 月 4 日

个 性

喜新，或许是人的天性。这不，微信一热，微博便冷了。但是，这一条微博，转发量仍然大到不可思议——数以十万计。

这条微博说的是，陕西师大 4500 份录取通知书，全部请老教授毛笔书写。人的天性中，喜新之外，还恋旧。追捧毛笔书写的通知书，亦属此列。

在连钢笔都成了“奢侈品”的今天，毛笔书写，倒彰显了个性。何为个性？个，指个体、个别；性，指性格、性情。而性情，是有温度的。毛笔书写，便使通知书有了温度。正因此，感动了万千压根儿不用毛笔的网友们。

人皆有个性。可是，在凡事整齐划一、标准答案横行的中小学教育里，个性强的孩子，常常会吃亏。当同学们苦读十余年，把标准答案背得烂熟，从千军万马中杀出，终于收到充满个性的录取通知书时，一定会眼前一亮，同时，会不会感慨万千？

如果我们的孩子，都像是流水线上出来的产品，你又怎么能指望他们背得起创新之责？彰显个性，张扬个性，这是许多大学倡导的。但是，会不会有点晚了？

2013 年 7 月 18 日

受用终身

指挥家长寿，果然不是传说。曹鹏先生年近九旬，依然登台执棒、讲解，令人生羡。

关于曹鹏先生致力于培养青少年音乐素养的故事，上海市民非常熟悉了。所谓仁者寿，先生健旺，恐怕不仅关乎他的指挥职业，更关乎他的奉献精神。

有几个人，能够如曹鹏先生一般，激情澎湃地工作到90岁？但是，好的音乐、美的艺术，每个人都可以享用一辈子。正如一名学生所言，在学生交响乐团的经历，“将会影响我们一生”。

说起来，一个人从小到大，要学习的知识，要掌握的技能，难以计数。这些知识和技能，有的可能学过就忘，有的可能成为谋生手段。但是，真正能陪伴一个人一生的、让人终身受用的，莫过于艺术修养，莫过于一双欣赏美的眼睛和一对聆听美的耳朵。如果一个人喜欢音乐、美术，并具有较高的欣赏素养，他一辈子都不会孤独。

有幸成为学生交响乐团的一员，毕竟少而又少。让所有的孩子都能拥有良好的艺术修养，这才是素质教育的要义之一。

2013年7月19日

告别“穷街”

“穷街”这个称呼叫开来，大概是因了程乃珊的那部小说。30多年过去了，程女士也已去了天国。可是，“穷街”还有。

对于一些品质较好的新式里弄和石库门弄堂被成片拆除，不少市民和专家是有不同意见的，他们认为拆得太多太快，不利于保护城市的历史风貌。但是，对“穷街”的改造，大家是一致叫好的。最为重要的是，绝大多数的“穷街”居民，是盼动迁的，用他们的话说，是“头颈伸得老长老长”。

“穷街”改造，千头万绪，涉及许多人的切身利益，因此，必须做到阳光透明、公开公正。与此同时，家庭结构之构成，越是蜗居越复杂。大家都希望通过动迁尽可能多得益，这是完全可以理解的。但是，为自己争取利益，一要在动迁政策范围之内，二要顾及家庭其他成员的权益。如果一味地只想自己，最终妨碍了动迁进程，甚至令旧区改造无法进行，那最终伤害的，还是自己的利益。

公助一村的动迁顺利进行，这里的居民终于要告别“穷街”了，真为他们高兴！

2013 年 7 月 24 日

享利去弊

高科技，在造福人类的同时，又往往给人类带来无穷烦恼，甚至祸害。这就是辩证法。

小的，如塑料——带来那么大的便利，可同时，它又是一大污染源。

大的，如核能——既可发电，又可造原子弹。核电站既能生产清洁能源，也埋有核泄漏之大患。

科技于艺术领域，同样如此。比如越来越精湛的印刷技术，既可以使普通人欣赏到“下真迹一等”的名画，也弄出不少“高仿”之作骗人钱财。

最新的，则是3D。

3D，既能用于文物复制，也能用于造假。对此，有人忧心忡忡。

这种忧虑，意义不大。一则，即使在古代，也照样有人光凭一双“巧手”，造假古董、仿名家作画；二则，科技之进步，是不以人的意志为转移的。

再用一次辩证法——高科技手段，固然可以用来造假，同时，又何尝不是防假、打假的利器。有了碳十四技术，不是可以让假古董现原形了吗？

充分享受科技之利，努力去除科技之弊，是人类永恒的课题。

2013年7月27日

非常热，非常细

今天的人民日报头版有意思，用了一组上海马路将生猪肉烤熟的照片！

今年夏天，非常热！

这个“非常”，已经不是形容词了。今夏真是热得突破了常规。如此热法，已成灾害。

遇到地震、台风、洪水等自然灾害，政府都会应急响应，救民于水火。现在，酷热当前，也要有应急措施。最值得关怀的，自然是不得不在高温下工作的人们。其实，有些室外工作，高温天里，不妨停一停；对于那些实在不能停的工作，也要尽最大的可能，缩短室外工作的时间。

非常热的天，要把工作做得非常细。比如，要关心身边的孤老，看看他们会不会不舍得开空调；比如，要细细梳理，有没有人，因为种种原因，家里没装空调；再比如，用电量猛增，有没有地方供电不足，居民家里有空调也开不了……万一有这样的情况，要切切实实地把关心人的工作做到位。

最后，再重复一遍在这个夏天刚开始时写过的话：天天待在空调里工作的人，要多想想不能享受空调的人们。

2013 年 7 月 31 日

及时雨

昨天下午到傍晚，一场暴雨兜头浇下来，虽然带来了积水、拥堵等麻烦，但网上还是一片叫好，赞其为“及时雨”，给持续“高烧”的上海，降了降温。

也是在昨天，另一条消息也像是“及时雨”，让上海市民感到一丝凉意——居民水价调整推迟一个月执行。

酷暑当前，是用水高峰。酷热本难耐，还要涨水价，总是令人不爽。有关部门审时度势，报请市政府，推迟调价。这种主动为民着想、惠民利民的态度和行动，是值得称许的。

审时度势，对政府工作来说，十分重要。靠前一步，比步步被动要强得多。比如，有些老小区电路老化，在盛夏到来之前，电力部门主动检修一下，总比毒日头下，突然断电，再紧急抢修要强。再比如，今年夏天如此之热，确实出人意料。但是，因种种原因，极端酷热天数会逐年增多，也是一个可以预见的趋势。为应对灾害性的高温天，不妨多做些预案，把防暑计划做得细一些。真的酷热来临，就可以运用政府的行政资源，为市民送上一场又一场“及时雨”了。

2013 年 8 月 2 日

前后都要严

把科研经费当“唐僧肉”，是“潜规则”；“什么都能报，什么都敢报”，圈内人都知道。这，是颇让我等“圈外人”意外的。

编发今天的“新民观察”之际，又读到两条新闻——其一，广州市副市长王东8月1日说，全国科研经费大概只有40%是真正用于科技研发的，60%都用于开会、出差等；其二，国家自然科学基金委员会于同一天首次公布了6个科研不端行为典型案例。

看起来，即使科研腐败不是普遍现象，但大量的科研经费没有用在科研上，是不争的事实。

情况这么严重、如此普遍，就必须要改革科研经费的发放机制。简而言之，是一前一后，都要严。在科研经费发放之前，要严格审查，要鼓励真正能拉动国家和地区科技进步的项目，鼓励真正能转化为生产力的科研项目，对科研经费的发放和使用，要规定得更细致更清晰；在科研项目完成之后，要严格审计，仔细甄别每一笔钱的去向，对科研腐败要坚决依法打击。

科研经费，好钢要用在刀刃上。

2013年8月3日

韩红的“小聪明”

有人以貌取人，我却有以字取人的毛病——字写得好，印象分便高。韩红的字，写得就不赖。

昨天，韩红就自己接连违反交通法规一事，手书一纸致歉信，恳求谅解。那么多明星，签名之外，字拿得出手的，委实没几个。韩红用己之长，以显诚意，倒不失为高招。

犯了错，认错并道歉，当然比死不认账强。但通读韩的“手书”，仍感不无避重就轻之嫌。她把错误总结为“小聪明”。挪用车牌，是“小聪明”？

真不知道，韩红在做这件事时，是如何开动她的“小聪明”的。是抱着侥幸心理，觉得未必查得到，还是觉得自己搞得定，查到了也不怕？无论出于何种心态，都是在明目张胆地做违法的事。于此，一句“小聪明”，怕是难以服众。

身为明星或是公众人物，在法律面前，是没有什么特殊化可言的。守法，是公民的最低标准。如果连这条基准线也守不住，字写得漂亮，没用，话说得漂亮，也没用。公众形象云云，只能是奢谈。

在守法这条基准线面前，玩不得半点“小聪明”。

2013 年 8 月 5 日

送清凉

慰问、关心、补助困难群众，是党和政府的长期工作，是优良传统。通常称之为“送温暖”。在高温红警天天拉响的当下，把发放一次性防暑补贴，说成“送温暖”，不合时宜，改称“送清凉”，如何?

这是上海首次发放防暑补贴。为什么是首次？因为，有气象记录以来，还从来没这么热过。对酷热，不同的人，感受是不同的。出入有专车、办公室有空调的人，对酷暑之难挨，体会不会很深。但是，困难群众的感受，就会不大同，他们有的没条件装空调，有的不舍得长开空调，有的甚至因热染疾。他们，确实需要有人送清凉。对此，政府责无旁贷。

中央领导多次强调，民生工作要多多雪中送炭，尽少锦上添花。这次全市发放防暑补贴共计 4300 余万元，政府把财政的钱用在了最该用的地方，是符合这个精神的。

今年的酷暑，终将过去。但在未来，仍会有极端高温天袭扰。如何把针对困难群众的防暑降温工作做好、做到位，把“一次性”变成“制度化”，是需要我们认真研究的。

2013 年 8 月 9 日

夜排档,也是民生

夜排档,也是民生?

一则,有那么大的需求,普通群众的生活需求,不是民生问题是什么?

二则,有这么多的问题,环境脏乱差,噪声、油烟扰民,不是民生问题是什么?

仅上述两点,就不难断定夜排档的的确确是摆在我们面前、需要我们解决的民生问题。夜排档,若处理得好,还能解决一批人的就业和一批家庭的生计;若发展得好,还可能跟台北夜市、舟山排档一样,成为城市风景线、游人必到处……

其实,我想说的是:如果把夜排档看成是电线杆上的老军医招贴,那就是令人头痛的“牛皮癣”,是城市管理的难点;如果把夜排档看成是棚户区改造,那就是民生工程,是政府应该为民办的实事。

的确,要管好夜排档,千头万绪,很难,而且,既谈不上什么大政绩,更出不了什么大效益。但如果我们把它当做民生工作来做,就会发现,诸多困难不是不可以克服,艰苦付出不是没有价值。让上海市中心有几个叫得响的夜排档,肯定不会比棚户区改造更难。只要下决心,一定行。

2013 年 8 月 10 日

想起了《狐狸的故事》

时下，微博、微信上的“至理名言”、心灵鸡汤倾盆而下，让人记得住的东西，极少。反观30年前，动乱方歇、国门甫启，有的记忆刻骨铭心，比如这部《狐狸的故事》。

这是一部日本纪录片，记忆最深刻的，是狐狸爸爸无比“凶残”地扑向自己的孩子，嚎叫、撕咬，把它们赶出温暖的家，赶到野外！

孩子大了，要独立，这个道理，禽兽皆懂，人岂不知？可惜，有的人硬是不如动物明理。比如，“啃老”成为“一族”。

有人“啃老”，就业难固然是客观原因，但这不能成为理由。像报道中提到的小沈，父亲下岗、家境贫寒，也因为“收入很少”或“工作无趣”，宁肯“赋闲”在家。塘桥街道帮助年轻人就业的做法功德无量、值得推广。但是，无论工作有多不称心，收入有多不称心，都不能成为“啃老”的借口。今天心安理得“啃老”，明天又怎么能找得到称心如意的工作呢？

最后，想对为人父母者说一句，万一你的孩子想赖在你身边，不妨学一学那“狠心”的老狐狸。

2013年8月12日

还绿于民为何这么难？

同一个地方，连续四年夏天，记者跑了四趟，加上今天的报道，也曝光了四年。但是，延安西路949弄这个违法搭建硬是岿然不动，甚至变本加厉，扩展开来。还绿于民，为何这么难？

不知道为什么，敢于搭建违法建筑的人，说话口气总是很大："媒体就算报道过了，又能拿我们怎么样？"

这种话，凡是从事舆论监督报道的同行，都听到过。报社记者，手无寸铁，一介书生耳。媒体进行舆论监督，既不是要和谁过不去，更不是显摆"能拿谁怎么样"，而是要维护公共利益。

这处违法搭建，四年拆不掉，损害的，绝非媒体的"面子"，而是周边居民的利益、法律的尊严和政府的公信力。

当今法治社会，绝不能容忍违法行为大行其道。违法搭建的单位，不要以为自己有"后台"，就可以一手遮天、无法无天；长宁区的有关职能部门，再也不能坐视不管了。

最后，为我的同事鼓鼓劲：只要违法搭建在，就要锲而不舍把报道做下去。我们也有"后台"，那就是百万读者。

2013年8月13日

好莱坞的生意经

对一种涨价,我一向是举双手赞成的——那就是文学艺术作品的稿费、版权费。相对于那些唱两首歌甚至对对口型就能挣几十万元出场费的歌星而言,作家挣得再多,也不过分。

据说,中国小说的改编权,9 年涨了 100 倍。一个作家,卖掉一部小说的改编权,就能挣数百万元。这,一定会促使他写出更好的作品吧?

有趣的是,令中国小说改编权暴涨的,竟然是好莱坞买家。好莱坞的生意经,一向以大投入大产出大回报闻名于世。对此,中国电影人先是羡慕,再是模仿。我们的所谓“大片”,也学着走这条路,也挣了不少钱。只可惜,叫座的多,叫好的少。中国大片质量差,根子在剧本。其实,与其胡编,不如改编。好小说改成好电影,数不胜数。可是,近年来,这样的中国佳片,不多。

洋人能不能拍好中国小说,是个问题。但中国小说墙内开花墙外香,值得深思。对好莱坞的生意经,我们一直在学,是不是只学到了皮毛?这回,人家高价“哄抢”中国小说,又给我们上了一课。

2013 年 8 月 16 日

从“华山”到“罗马”

今天的“新民观察”，谈了几个问题，焦点有点散。但恰恰让我们看到，教育改革是一个系统工程，并不是“小学生不做回家作业”那么简单。

减负人人会说。那么，是不是所有的学生负担都重呢？恐怕不是。我就认识那么几个孩子，快快乐乐地把中小学读完了，而且成绩一直很好。当然，他们智商高、会读书，所以，并不觉得累。

而问题，恰恰在这里，我们往往把眼光、资源过于集中在优秀的孩子身上。对老师、家长而言，仿佛进名牌高中、大学，是教育的根本目的。其实，能考进名牌的，毕竟是少数。大多数学生，像“陪绑”一样，受苦受累。这篇稿子里提到的“职校没人读”“大学‘过剩’”等问题，根子也在这里。

如果，只有考名牌大学这“华山一条路”，自然会引发各种问题；如果，我们把职校在内的各种教育模式，变为多元化的成才之路，条条大路通罗马，或许，真的能柳暗花明。

从“华山”到“罗马”，改革的路很长，但要坚决走下去。

2013 年 8 月 31 日

天天天蓝

如果，古人“穿越”到今天看报纸，一定会批评我等小编瞎来来，什么蓝天白云啦、什么晚霞灿烂啦，都当作大新闻，简直是大惊小怪。

古人有所不知，蓝天对我们来说，其实还是挺稀罕的。这两天，上海天蓝，好多人上班路上，都会随手拍张照片发微信、微博，表示心情很好。

关于“蓝天”，昨天有两条“真新闻”：其一，供应“沪 V”汽油；其二，发布空气质量预报。前者，减少污染，后者，服务市民，都是令人赞赏的举措。

这两条新闻放在一起看，还释放了这样的信息：上海市政府越来越重视空气质量问题。这个方向，无疑是相当正确的。身为市民，一方面，我们当然希望政府下更大的力气治理污染；另一方面，我们自己也要增强环保意识。比如，一个人尽量少开私家车；比如，发现非法排污行为，就向管理部门举报，等等。

很喜欢“天天天蓝”这个词语，借来作标题，同时也是表达一个心愿——希望在不久的将来，天蓝，不再是新闻。

2013 年 9 月 2 日

直面汽车社会

就像一不留神就进入了老龄社会一样，忽然已经来到汽车社会。

说“一不留神”和“忽然”，是想说我们完全没有做好准备。汽车社会忽然“降临”，带来的问题，最显著的是行车难和停车难。

有问题，就要想办法解决。在北京，正在研究制定征收交通拥堵费；在上海，政协委员呼吁推行错时停车。

对于收取拥堵费，有赞有弹。批评者担心“城市公共道路资源变成高收入者和公车的‘VIP 区域’”，因为他们都不在乎交付那些拥堵费。对此，决策者需认真考虑。

错时停车的办法，也早有人提出来，一直难以推行，阻力在哪里？管理部门也要深入调查弄清楚。

解决问题不易，好在，比我们更早进入汽车社会的发达国家有的是，他们的成功经验，不妨“拿来”。

汽车社会带来的问题，除了拥堵之外，还有污染。受拥堵和污染两大问题困扰和伤害的，不仅是有车一族，而是所有市民。如何兼顾各阶层市民的利益，正是问题的复杂之处。但问题再复杂，也不能回避，必须直面。

2013 年 9 月 3 日

如何跨过这道坎

我们的名字、性别、年龄、身份证号、手机号、住址、职业、消费偏好、健康状况……就像一颗颗小石子，铺成了别人的牟财大道……可是，所有这些，原来都是我们的隐私啊。

这就是“大数据时代”。

从宏观层面看，“大数据”成为财富，也不全是坏事，运用得当，甚至可以造福于民。只是，这些数据若是落入贪小之人或是不法之徒之手，也会给我们带来无穷无尽的烦恼甚至伤害。

正如记者引用的马云之言：隐私问题是数据时代必须跨过的一道坎。那么，如何跨过这道坎？

最可以依靠的，是法律。必须立法先行，通过法律，来保护公民隐私、震慑不法之徒、惩处违法行为……

跟法律配套的，还应有行业自律。谁有机会手握“大数据”？牵涉的行业其实很多。每个行业，都应该立下“行规”，严保客户隐私不外泄。谁无职业操守，必须付出代价。

数据时代，既带来便利，也带来烦恼。唯有依靠法律之剑，刺瞎窥视隐私的狗眼，我们才能摆脱烦恼，尽情享受便利。

2013年9月14日

打 “杂”

大热天，空调坏了，本来就烦人，要是来了个修空调的“李鬼”，真是烦上加烦。

盛夏，是家电维修的旺季。可是，从“百度”到“114”，用最便捷的查询手段，都有可能遇上“李鬼”，家电维修“杂牌军”让人不胜其扰。终于，入了秋；终于，来了专项整治。

“专项整治”四个字，我们并不陌生。可是，许多专项整治，就像一阵风，风刮过，乱象依旧。

这一次，有关部门真的是动了一番脑筋，他们推出了“正规军”的名单，推出了公共热线、“一台三会”、正规官网。从理论上讲，如果消费者能够很方便地找到“正规军”，那么“杂牌军”就很难作恶了。反之，如果“正规军”“官腔”十足，那么摆出一副“亲民”姿态的“杂牌军”就仍有空子可钻。

这些热线、协会、网站，好使不好使？消费者打进电话，是很快就能有“活人”接听，还是不得不跟录音较劲？打通了电话，是不是很快就有人上门排忧解难？“正规军”的服务水准能不能令人满意？

2013 年 9 月 17 日

法何以不责群租

群租违法，是常识；群租难治，是现实。

对于群租、黑车、无证夜排档之类的违法行为，总有善良的人，持“存在即合理”论，主张既然有市场需求，不妨宽容以待。可是，他们恰恰忘了，纵容违法行为，常常会使其他公民合法权益受损。

仅以中远两湾城的群租房而论，不仅带来房屋质量、消防、治安等隐患，使正常住户不胜其扰，而且降低了品质，拉低了房价，影响了所有业主的利益。现在，甚至演变成二房东群殴业主，对此，难道还能坐视不管吗？

那么，对群租，何以“法不责众”？恐怕还在于相关法规缺乏可操作性。群租的整治对象，不应该是那些辛苦打拼的“蚁族”，而应是坐收渔利的大房东、二房东，要斩断他们的获利链。一旦查清群租事实，对大房东，通过冻结房产交易权等手段来限制，对二房东，依法课以重罚。至于拉帮结派形成黑恶势力的，更需要依法打击。

对低端租房的市场需求，也要认真对待，但，那是另外一个话题了。

2013 年 9 月 21 日

如何排堵？

长假后的上班第一天，大家都在说堵。

今晨大雨，早高峰很堵。更堵的，是黄金周的景区和公路。来自长城、故宫、九寨沟等处的照片，让人看了不免感叹：堵成这样、乱成这样，黄金周意义何在？

我们丝毫不怀疑黄金周政策的善意，并深知若取消黄金周，一些人的休假可能成为泡影，但总不能因此就眼睁睁看着黄金周乱成一锅“黄金粥”，总要想点办法。

有专家分析，在旅游新法实施的背景下，自由行增而团队游减，是造成景区混乱的原因之一。确实，自由行游客不那么“听话”，对景区管理者来说，是个新考验。但显然，如何排解黄金周的堵和乱，要复杂得多。如何在确保国民休假权利的前提下，改变全民一窝蜂休假的现状，让休假真正成为享受，这道试题，考验着决策者、管理者的智慧。

写这篇小文章前，看到这样一条新闻：北京市交管局总结说，司机开车发微信、刷微博是节日高速拥堵的主要原因之一。这不禁让人哑然失笑。管理者若总是这样找原因，那么排堵什么的，只能是奢谈罢了。

2013 年 10 月 8 日

没有借口

说起上海世博会，就会自然而然地想起台北馆的那部关于垃圾分类的片子。对这部片子印象之深，几乎只有英国馆的天才造型可以相较。

要向台北学习，推行垃圾分类，从政府到媒体，说得实在是够多了，试点之类的事，也做了不少，但是收效甚微的事实，也够让人尴尬的。

另说两个海外见闻：

在日本大阪一公园，一个蹒跚学步的小男孩，在爸爸的指导帮助下，把一个矿泉水瓶一分为三：瓶盖、瓶身、塑料纸标签，投到不同的垃圾箱……

确实，日本的垃圾分类精细化程度全球领先，那么，第二个例子说说中美洲小国哥斯达黎加，他们的首都圣何塞，就像我国的中西部小城。可是，我所到之处，垃圾箱都是三个并排而立，分得清清楚楚……

上海的垃圾分类推进缓慢，当然是遇到了些困难和阻力。但是，看看日本那个学步的孩子、看看人家哥斯达黎加，我们就没有什么借口，不去把这件利国利民的事做好。

垃圾分类，到底瓶颈何在？

2013 年 10 月 11 日

监管不能“蒸发”

他们玩“人间蒸发”，我们只能徒呼奈何？

预付卡的故事，听得多了——瞧着诱人，用着可人，结果却恼人。面对无良商家的“蒸发”伎俩，消费者只能眼睁睁看着自己的钱也“蒸发”，却毫无办法。以往，监管部门似乎只是提醒消费者提高警惕，如此而已。

真的就没办法管了吗？当然不是。浦东新区今天正式推出预付卡企业备案制度：一则，预付资金由银行管；二则，公开挂牌，让消费者放心。

细想一下，买卖双方不见面的网购为何如此红火？还不是有了聪明的“支付宝”，大家都放心。浦东推出的新办法，也一样聪明。设计这样的制度，并不难，端看监管部门愿不愿意操这份心。

长久以来，我们常常听到监管部门教导大家各类专业知识和防骗“秘笈”。这类提醒，当然是善意的。只是，监管者千万不能就此认为，我提醒过了，任务就完成了。玩“蒸发”的奸商，难免会有，对此，监管不能“蒸发”。

反“蒸发”，浦东先行先试了，别的区县，是不是也该跟进啊？

2013 年 10 月 21 日

陈年糊涂账

忽如一夜春风来,千瓶万瓶陈酒开。

上海人说,吃老酒,吃老酒,正说明,“酒是陈的香”。这,其实是常识。但以前,似乎天下酒厂都很傻,守着自家酒窖里的陈酒,不懂得可以把它们装在瓶里卖大钱。突然有一天,他们又集体开窍了,于是,地不分南北东西,酒不论浓清米酱,各色陈年酒花枝招展、粉墨登场。

那些个标价成千上万的陈年酒,若是货真价实,贵些就贵些吧。人家洋酒可以卖几万欧元一瓶,咱家的陈酒为啥不可以?问题是,这些高端大气上档次的玩意儿,其岁数,竟是一笔糊涂账。一瓶陈年酒里,“老酒”可能只有一两滴。这,就有点糊弄甚至欺骗我们消费者的意思了。

陈年白酒的这笔糊涂账,当然应该由监管部门来理理清楚。理清楚了,大家才能买个放心、喝个明白。制定白酒生产的行业标准,恐怕是必须的。

话说回来,普通消费者,一般不会去花这个冤枉钱。那些动辄数万的陈年糊涂酒,究竟是哪些人在慷慨激昂地喝,倒也是反“四风”的一条线索。

2013 年 10 月 23 日

多看积极面

写报道，要尽量客观、持平。今天的“新民观察”就是这样，把“挺慕派”“慎慕派”以及“折中派”的观点和盘托出，每位读者都可以自己思考、分析，作出自己的判断。

写评论，则不同，最低的标准，是观点鲜明。关于慕课，我的观点是：要多看积极面。

其实，仔细分析这三“派”，看似针锋相对，其实三种观点有共通之处——没有人否定慕课的积极面，也没有人提出要用慕课完全替代课堂教学。“挺慕”与“慎慕”，最多属于“一慕各表”罢了。

我们早已身处互联网时代，即使没有慕课，也有不少中小学老师利用网络布置作业、答疑解惑、与学生交流。有了慕课这种形式，对孩子们来说，多一种学习的平台和方法，又有什么不好呢？至于什么样的慕课适合中小学生，可以慢慢探索，别忙着下结论，更别忙着否定。

最后想说的是，陈玉琨教授提出的利用慕课使得优质教育资源均衡化的思路，值得决策部门重视。如果，乡村学校的孩子，也能听到名师的授课，该有多好！

2013 年 11 月 2 日

清贫与富有

微信时代,可见千奇百怪。一早,看到一帖:说一大牌导演的家居装修。但观其宅,奢华之外,还不忘添上“艺术气息”,于是,好评如潮,转发连连。此导把《韩熙载夜宴图》之局部放大,顶天立地,横于宅中,其趣味和志向昭然。吾一友忍不住,评了句:“绝对土鳖!”

且让我们从“土豪”身上移开目光,看看徐中玉先生是如何甘守清贫的吧:住的是 60 年前建的老宅,没有一件新式家具,老花镜价 15 元……先生清贫如是,却捐出了他的藏书和 100 万元。

面对先生的行止,我们除了崇敬、感动,是不是还要思考一下,什么是真正的富有?

徐中玉先生生于 1915 年,堪称人瑞。昨天下午,我拜访与徐先生同岁的顾振乐先生。顾先生的生活同样简朴,99 高龄还要每天爬楼,因为老房子没有电梯。同样,顾先生把毕生收藏的印谱、印章精品捐给了西泠印社……

余生虽晚,却能与徐先生、顾先生生活在同一片天空下,真幸福。我们应该怎样做,才能不辜负这份幸福?

2013 年 11 月 8 日

涨价的道理

上海的绝大多数居民，以前是住公房的。那时候，“物业”这个词，听也没听说过。

后来，我们用较低的价钱把公房买下，成为自家的不动产。虽然叫“售后公房”，其实，已经是“私房”了。其本质，跟商品房无异。有了私房，便要交物业服务费。售后公房的物业费，并不高，所以，跟商品房相比，服务水平也不同。比如，小区门口不会有人穿着制服向你敬礼。大家图的是实惠，有没有人敬礼，并不在乎。

但是，大家可能不会去想，物业公司收的钱，够不够他们开销。以前，是够的，过了这些年，成本大增，不够了。于是，要涨价。

这个世界上，付钱的人，大概没有一个人会喜欢涨价。这是人之常情。同时，涨价的事，几乎天天有。这是世之常态。问题就在于，涨得有没有道理。

售后公房的物业服务企业入不敷出，要涨价，是合理的。但是要做到三点：一要把账目摊开，把道理说清楚；二要考虑居民的承受力；三要确保服务水平不下降。做到这三点，相信会得到居民的理解。

2013 年 11 月 25 日

留住全科医生

全科医生，又叫社区医生，如果签约家庭，也称家庭医生……

今年上海提出，到2020年每户居民配一位家庭医生并首次评选出了“十佳家庭医生”，可见上海对全科医生，是越来越重视了。可记者采访后发现，大团镇前几年引进的60多名全科医生至今已有40多人离开。

俗话说，人往高处走。那40多位前全科医生，显然是选择了他们认为更高的工作岗位，这样的个人选择，无可厚非。但是，既然社区卫生服务中心如此重要，全科医生的责任如此重大，这样的人才流失，无疑对事业不利、对社区不利、对居民不利。

那么，如何留住全科医生？

浦东正在探索，想出的一些留人办法，值得借鉴。要留住人才，待遇当然重要，但更重要的，是要靠事业留人，通过各种方式提高全科医生职业荣誉感和社会地位，让他们感到有做头、有奔头。只要全科医生成为人人尊敬、人人羡慕的职业，人才自然会集聚而来。

2013年12月7日

城市的底蕴

如果评选2013年十大流行词,“土豪”大概可以入选。

“土豪”一词,已经完全颠覆本义,含义颇为丰富,很难一言以蔽之,不过,其中一个重要的意思,是嘲笑暴发户。暴发户,好像古今中外都会被人看不起。古人嘲笑暴发户,有一句俗话,叫“树小墙新画不古”。这话说得真是很妙,树刚种下、房子是新盖的、墙上挂的画也是新画的,这样的人家,即使房子再大再气派,也必是新发家的,没有底蕴。

推而广之想一想,城市不也是这样吗?如果一个城市,行道树低矮、房子全新,街头没什么好的艺术品,那这个城市就很难谈得上有什么底蕴。而让人感慨的是,不少原本很有底蕴的城市,前些年净干些砍大树拓马路、拆古建筑造假古董之类的蠢事,生生营造出“树小墙新”的“土豪”模样来。

近年来,我们上海越来越重视历史建筑和行道大树的保护,这很好。但是,如何用好的雕塑等艺术品装点上海的角角落落,增加艺术气息,增强城市底蕴,仍值得我们思考、改进。

2013年12月14日

乡愁的理念

“乡愁的理念”,是董桥的书名,22 年前由生活·读书·新知三联书店出版。“乡愁”,还是余光中的诗,又是罗大佑的歌。于是,曾以为,“乡愁”像“理念”一样,是个港台味儿十足的词。

产生这样的错觉,实在是因为“乡愁”一词一直用得少。突然,中央文件里出现了“乡愁”,人们不禁“喜大普奔”。报纸们,不约而同地把“让居民望得见山、看得见水、记得住乡愁”这句话做成通栏大标题。

要解读中央推进城镇化建设的新思路,非此短篇所能为。但是,长期以来在农村城镇化进程中贪大求洋、千镇一面、乡风尽毁的错误,是一定要扭转了。

我们上海市郊的发展,既有成功经验,也有不少问题和困难,比如自然环境破坏、年轻人外出、外来人口集聚等等。

乡村里的人,也应享受现代化生活,这是毫无疑问的。但是,乡村就应该有乡土的味道。这样的味道,不仅乡里人需要,城里人也喜欢。当城镇化建设引入了“乡愁的理念”,让人温暖着,并期待着。

2013 年 12 月 21 日

最好的礼物是陪伴

我们做父母的，不要低估了孩子，不要自以为懂孩子。这不，这个“爸妈太忙”的孩子希望要一个宠物来陪她；那个“开朗快乐”的孩子说她“心里藏着一个害羞和孤单的自己”。世外小学通过“给圣诞老人写信”了解到的孩子心声，有没有让你吃惊？

在我们这个都市里，大多数的孩子，都不缺物质享受。那些父母事业有成的孩子，更有可能玩具堆成山。他们貌似什么都不缺，缺的，恰恰是父母的陪伴。陪伴成了“奢侈品”，“开朗”的孩子很孤独，又有什么好奇怪的呢？

其实，需要陪伴的，又岂止是孩子，盼孩子“常回家看看”的长辈又何尝不需要呢？

最好的礼物是陪伴，懂得这个道理不难。难的是，忙于打拼、疲于应酬的人们，能不能停下匆忙的脚步，多陪陪孩子和老人。要做到这一条，首先恐怕是要想明白，究竟什么才是最重要的。

我曾亲耳听一个身家几十亿的朋友说，他一年只回家吃两顿晚饭——儿子生日和年夜饭。如此这般，他的成功，真的那么令人羡慕吗？

2013年12月25日

微三百——2014

“备案制”管不管用？

收了顾客的预付费，突然人去楼空，“玛花纤体”不是第一家，恐怕，也不是最后一家。

商家哄着顾客买会员卡、付预付款，借机囤取一大笔钱。这个招数，并不新鲜，却屡试不爽。

这种你付钱我打折的商业模式，初看是双方均得益，其实不然，买卖双方的风险完全不对等。消费者的风险很大，而商家的风险却几乎没有。那么，谁来帮消费者降低风险呢？无疑，政府管理部门应该承担这个责任。

类似的案子，多年来屡有发生，管理部门也想了办法。比如，商务部已出台《单用途商业预付卡管理办法（试行）》，本市也规定发卡企业要备案，浦东新区去年 10 月为办理备案的 38 家企业授牌，仪式还挺隆重。

既然有了“备案制”，那么，不备案的企业就属违规发卡，比如“玛花纤体”。对于违规行为如何处置呢？现在看起来，缺少办法。如果没有制约、处罚手段，说得“花好稻好”的“备案制”，怕是并不管用。

对于小小一张预付卡，管理部门不应该完全束手无策吧？

2014 年 1 月 4 日

“合而不同”

“合而不同”，并非“和而不同”之误，而是我生造的一个词，说的是阴阳合同。

中国足坛，几乎就是“怪事集中营”。足坛不光怪事多，而且见怪不怪，许多在我等圈外人士看来很奇怪的事，在圈内，竟然早已是“公开的秘密”，是“潜规则”。比如阴阳合同——交给足协备案的是“阳”，而私下签的为“阴”。

据说，始作俑者，是足协。此话怎讲？原来，他们出台的“限薪令”无视市场、无视现实，完全不具备可操作性，导致大量阴阳合同诞生，这就颇有点“逼良为娼”的味道了。

契约精神，是现代社会有别于传统社会的重要特征，而合同则是维系现代社会正常运行的基本要件。中国足坛从上到下视合同为玩物，可以“合”出“不同”的“合同”来，没有纠纷，那才怪。连基本的契约精神也没有，还奢谈什么职业化？

当然，缺少职业素养和专业主义精神的现象，并非足坛独有，只不过，足坛比较突出罢了。

子曰，君子和而不同。那，“合而不同”的，只能是小人了罢？

2014 年 1 月 7 日

改革与公平

在2013年落马的领导干部中，蔡荣生只能算是“苍蝇”。但是，他却成了一只著名的“苍蝇”。因为，他的岗位很特殊——中国人民大学招生就业处处长；他的罪行影响大——利用自主招生权收受大量贿赂。现在怕是已经很难弄清楚，蔡某人的贪欲，究竟影响了多少学子的前程。

相对于“一考定终身”，高校自主招生改革，方向并没有错。问题是，如果因为改革，反而严重影响了公平公正，那就必须引起高度重视。高考的第一要义，恰恰就是公平。

在十八届三中全会通过的全面深化改革的决定里，关于教育，有两句话，一是“大力促进教育公平”，一是“学校依法自主招生”。依法，是公平的前提。关于自主招生，现在最大的问题就是相关法律法规不健全，权力方贪腐很容易，权利方监督却很难。如果“自主招生等于自主腐败”，这可怎么得了！

改革与公平，并不对立。但是，要处理好两者关系，一靠坚决依法，二靠严格执法，别无他途。教改如此，他者亦然。

2014年1月11日

农民的福音

2014 年 2 月 7 日，甲午正月初八，历史将记住这一天。

马年的第一个工作日，国务院常务会议决定，建立全国统一的城乡居民基本养老保险制度。对 7 亿农民来说，这是巨大的福音。

还记得 24 年前的春晚小品《超生游击队》吧？当我们笑得前仰后合时，大概很少有人想到，所谓“养儿防老”，并不仅仅是城里人嘲笑的落后观念，更是农民必须面对的残酷事实。

当北上广的媒体整天讨论城市老龄化问题时，大概同样很少有人想到，“空巢化”后的中国农村老龄化程度高于城镇，农村老人的贫困发生率是城镇的 3 倍以上。

中国的改革，是从农村破冰的，中国的农民，为经济腾飞作出了巨大贡献。可是，依然巨大的城乡差别，也促使我们不得不认真思考，如何让农民共享改革和发展的成果。解决农村养老问题，正是一个最佳突破口。也因此，城乡养老并轨的重大意义，怎么高估都不过分。

使全体人民公平地享有基本养老保障，让城乡老年人基本生活无忧——今天，我们再出发。

2014 年 2 月 8 日

回归理性

理性，是个不错的词汇。但我在写评论时，却极少用。原因有二：其一，劝人要理性，总带着说别人非理性的居高之态，这种姿态，是我深恶痛绝的；其二，不少所谓“非理性”的言行背后，有没有合理的因素，也当细究，不能简单作鄙视状。当然，现如今，连“理中客”也一竿子全打翻，就是走另一个极端了。

说到研究生扩招的话题，我同意熊丙奇先生的意见，要“回到教育的理性”上来。贪大求多，想一口吃个胖子，盲目跟发达国家的硕士博士占总人口比例数攀比，都是非理性的。教育，要按教育规律来办。违背了规律和常识，就会埋下隐患。

现在，既是要认真研究“研究生过剩”问题，也是要认真研究“过剩”的研究生到哪里去的问题。从家庭层面，培养一个研究生多么不容易；从国家层面，动用那么多公共资源培养出来的研究生，也当人尽其才。

很多时候，少的时候要多，很容易，像人口、像汽车、像研究生；多了以后要少，却很难。认清这一点，也算是一种理性吧？

2014 年 2 月 15 日

立　体

先出道题：种四棵树，每两棵树间距离须相等。

正方形？菱形？平行四边形？都不行。怎么办？

很简单，只要把一棵树种在山上。

这，既是平面几何与立体几何之分，也是思维平面与立体之别。立体思维，又称多元思维、全方位思维，听上去很高级，也有点难。

说说跟种树有关的绿化：上海寸土寸金，绿化面积大了，建设用地就少了。这对矛盾如何破解？聪明人想出了好办法——立体化。犹记上海世博会的墙面、屋顶绿化，令人赞叹、向往。

立体绿化的好处不必细说，现在推广得怎么样了，倒是我们关心的。记者调查发现，不乐观。首先是推广难，毕竟成本不低；更难的，是养护。没有养护，绿墙变黄，是很快的。连世博园那面号称世上最大的生态墙，也黄了。

推广立体绿化，同样需要立体思维，远不是把平面的绿地竖起来那么简单。如何形成规划、建设、养护的全套体系，是我们必须解答的难题。养护跟不上，墙面绿了又黄，也是一种浪费。

要把好事办好，没有立体思维，是不行的。

2014 年 2 月 17 日

关爱的艺术

不怕你笑话，说说陈年往事。小时候，语文课上学到“嗟来之食”一词时，尚处物质匮乏年代。聪明如我，很快就领会了这个词的正确含义，但却暗想，谁要是给我吃一块大肉或是一个鸡腿，哪怕他态度再恶劣，我也先吃了再说。在我心里，饱口福比保面子要实惠得多。

当然，像我这样没出息的人，毕竟是少数。绝大多数人，是受不了“嗟！来食！”的。在提倡物质文明和精神文明齐头并进的今天，我们已经明白，关爱他人，并不单纯是物质的赠予，还有精神的关爱。

一些官员或老板给人送上钱物时，将受助者“示众”，还非要人家说几句感恩戴德的话不可。这种情形，多年来我们已经见惯了。近一段时间，从传统媒体到广大网民，都在批评这种做法。这批评，也是一种进步。

关爱独居老人，是必要的善举。但隔几天就打电话或登门作程序性探望，对不少老人，是一种打扰。别让问候变成负担，其实是要讲一点关爱的艺术的。

2014 年 2 月 21 日

城市的文脉

新民晚报的老读者，应该都知道我们的老社长赵超构先生；但可能很少有读者知道，有一尊先生的雕像，安放在我们办公楼的某个不起眼的小小角落，一如老社长生前风格，低调平实，不喜张扬。

不过，我又想，如果把老社长的雕像放在报社对面的街心花园里，散步路过的晚报老读者见了，一定会感到亲切吧？

正如今天的"新民观察"所言，上海的名人雕塑不但有，而且不少，可惜不是在专业的雕塑中心，就是在偏远的郊区墓园，很难见到。

名人，于一个城市，既是记忆和骄傲，也是资源和财富。名人雕像成为一个城市的标志性景观，国外的例子数不胜数。反观我们上海，一则名人资源丰富，二则城市风貌洋气，非常适合让名人雕塑融入都市空间。名人资源，承载着城市的文脉，当一个又一个名人雕像走进我们的视野和生活，用坚硬冰冷的钢筋水泥架构起的都市，想必会柔软、温暖许多吧？

2014 年 3 月 15 日

看人“挑山”

俗话说，看人挑担不吃力。不过，因为一出沪剧，让许多观众看人“挑山”掉眼泪。

能不能感动人，是衡量戏剧的一个重要标准。而如何感人，也分靠煽情赚眼泪，还是靠朴质无华的人物精神打动人，也是有高下之分的。一年来，《挑山女人》能在观众中有不错的口碑，恐怕不是靠煽情。

在后宫戏勾心斗角、雷人剧胡编乱造的灰暗底色里，《挑山女人》把目光投向普通人，老老实实还原生活，成为一抹光亮，是很值得为之击节的。

不错，《挑山女人》是一出“苦戏”，主人公的命运很凄苦，活得很艰辛，但她不向逆境屈服，在凄苦中仍然乐观向上，她的事迹，对普通观众来说，当然有提振精神的作用。但对于党员领导干部来说，看这出戏，恐怕不能仅仅是一洒同情泪，而应该时刻将百姓冷暖放在心间，千万不能看人“挑山”不吃力。

2014 年 3 月 18 日

没有 Ended

“Ended.”

这个英文单词，通过马来西亚总理纳吉布的嘴巴说出来，迅速传遍全球……

这个英文单词，令世人失望、绝望，令乘客家属悲痛欲绝……

不知出于什么原因，在没有任何直接证据的情况下，宣布飞机坠毁且无人生还；

不知出于什么原因，在漫长的 18 天里，马方一直在试图隐瞒什么，他们到底有什么难言之隐？

真相究竟是什么？

虽然在飞机失联之后，大多数人都知道凶多吉少，但所有人都理解乘客家属的心情和各国搜寻的努力，许多人都抱着一丝希望。现在，马方宣布 Ended 了，叫大家不要再抱希望了。但直到今天，事件依然谜团重重。这些谜团不解开，便对不起 200 多条鲜活的生命、对不起在煎熬中度日的乘客家属。我外交部要求马方提供所有证据并希望搜寻继续，这个态度是严正的、必须的。

打捞真相，难道比打捞飞机还难？只要疑问还在，马航事件就没有 Ended。

2014 年 3 月 25 日

反　扒

人的记忆力，有时并不可靠。说到现在小偷多，常常有人怀念从前，说是计划经济时代小偷很少。我倒分明记得，当年在南京路淮海路的商店里，总有个老伯伯坐在一个极高的木凳上面，俯视全店，并不时用喇叭高声提醒顾客“包包放在前头，当心小偷”。另一个例子是，2001 年，本报资深记者钱勤发先生写过一篇通讯《“三只手”与“三只手”的较量》，讲一对只有“三只手”的老夫妇，与“三只手”较量了 40 余年的故事。此文精彩，得了大奖，身为编辑的我也跟着沾了光。

大概，自从人类社会有了钱这玩意儿，扒手也便“应运而生”。反扒，真可谓持久战也。

上海警方首次公布反扒地图，这次是“官方版”，而此前，网上也有过“民间版”。官民一起制作反扒地图，提醒市民注意，这是很有意义的事。对扒手，一要防范，二要打击。即使不可能歼而灭之，最起码，大家提高警惕，扒手就不那么轻易得手了。

2014 年 3 月 31 日

永远在一起

这两天，两位男孩的故事，感动着我们。

一位，才 7 岁，叫陈孝天，前天逝世。为了救妈妈，孝天捐出自己的左肾。同时，他的右肾和肝脏还挽救了另外两名年轻患者的生命。

另一位，也才 27 岁，叫徐欣毅，上月逝世。欣毅是上海中医药大学硕士研究生，他将遗体捐给母校。

孝天的肾脏，植入了妈妈身体，这样，他和母亲永远在一起；欣毅的遗体，献给了医学事业，这样，他和母校永远在一起。

人有生则有死，可是生命却可以用这样一种特殊的方式延续。陈孝天、徐欣毅，我们应该向他们致敬，并感恩。

现代医学的每一次进步，每一位医生的培养，都离不开遗体。从这个意义上说，每一位捐献遗体的志愿者，是我们每一个人的恩人。

遗体捐献，有多么崇高，意义有多么大，大家都懂。可是，志愿捐献遗体的人还太少。因为太少，所以珍贵；因为太少，所以值得我们大书特书；因为太少，所以需要有更多人追随。

2014 年 4 月 4 日

名校耍大牌？

虽然，我不认同“考大学就是为了找个好工作”这样直接功利的说法；虽然，我很欣赏复旦大学“自由而无用”的理念；虽然，我很向往陈寅恪先生倡导的“独立之精神，自由之思想”的境界。

但是，我还是要说，对莘莘学子来说，对万千家长而言，大学毕业找个好工作，是极其重要的事。各个高校这方面工作做得不少，但是做到位了没有呢？未必。

据第三方测评，75所部属高校首次奉命发布的“毕业生就业质量年度报告”质量不高。而且，越是名牌大学，越是得分低。这些名校，即使不是有意耍大牌，起码也是对这项工作重视不够。是不是他们认为自己的学生是“皇帝女儿不愁嫁”？

高校有义务、有责任帮助学生找到合适的工作，并将相关信息向学生和家长、向全社会公开。这次暴露出来的上述问题，恐怕不能用“因为首次，经验不足”这样的借口来搪塞，关键，是不重视。要不然，人才济济的名牌大学，怎么会连一个小小网页也弄不好？

2014年4月8日

老吾老

真的是一晃。中学毕业,30 周年了。昨晚,几个同学小聚,商议今年弄个大聚会。席间,有同学话锋一转,说起了赡养父母的话题。我们的父母,要么 80 多,要么近 80,如何安排好他们的晚年,成为我们必须认真考虑的大事。

老吾老,正在郑重考虑此事的人,又何止我们。也是在昨天,市民政局发布的数据显示上海 60 岁以上老人已占总人口的 27.1%。不用任何专业化的解读,每个人都可以感受到,上海已经深度老龄化了。

养老问题,从来没有像今天这样突出。光靠子女孝顺,光靠政府投入,都是不够的。我们应该进一步鼓励、扶持各种养老事业、产业的发展。

养老事业,当然有福利、公益色彩,同时,也是商机。387.62 万 60 岁以上老人,部分或完全失去自理能力的毕竟是少数。更多的老人,非但要吃饭、穿衣,也要休闲、娱乐,他们是一群庞大的消费者。如何满足他们的物质、精神、文化需求,真是一篇大文章,需要我们认真去做。

2014 年 4 月 11 日

依法不办事

推诿一词，比较文气，老百姓有个形象的表述，叫“踢皮球”。

请看居民因为有人擅自建造养马场而8次投诉的处理过程，“官人”们在7个月里的行状，像极了踢皮球。

像我等稍稍上了点岁数的人，多多少少都有一点跟政府部门打交道的经验，这些经验总的来说，会让人心里有点发怵。为什么？以前有“三难”之谓，叫做“门难进、脸难看、事难办”。整顿机关工作作风日久，门难进、脸难看，有所好转了，但如果事依然难办，还是让人心寒。

在机关工作的人，往往政策水平高于常人，他们推诿，他们踢皮球，总有他们的理由。这次闵行区倒是找准了病灶，那就叫做“依法不办事”——在本本、条文里随便找个理由，证明“此事跟我无关”或“我镇无权管辖”。

要除此病，要“内外兼治”。“内科”，是心里要有群众，这个靠加强教育；“外科”，要健全问责机制，这个靠制度建设。两者比起来，在当下，怕是“外科”见效更快些。

2014年4月18日

创意去哪儿?

“爸爸去哪儿?”“爸爸回来了。”

两句话,像极了一问一答,却是两个电视综艺节目的名字,据说,后者“拷贝”了前者。

说实话,比起最早的“八频道”“五频道”来,现在电视节目是大大地丰富了,上百个频道让人眼花缭乱,但有时,又让人觉得没什么看头,要么,20 个“小燕子”同时十三点;要么,30 个“甄嬛”一起耍心眼。综艺节目也是谁红模仿谁,一道选秀,扎堆相亲,见得还少吗? 大家争着做“爸爸”,不稀奇。

电视节目模仿成风,说白了,也是利益驱动,创新成本高、风险大,抄袭则反之。可是,抄袭真的能带来利益吗? 从长远看,未必。观众又不是傻子。

让人一声叹息的是,即使是那个被抄的“爸爸”,版权也是人家韩国的,只不过,这个“爸爸”比较有品,是付了版权费,因此,拷贝得理直气壮。

我们有那么多频道,独具创意的好节目,却少得可怜。创意去哪儿了?

2014 年 4 月 21 日

天下之结

“个人信用代码制度”，对上海人来说，是个新鲜事。但大家都知道，类似的制度，在发达国家，早就有了。我们这么做，也算是“拿来”。

在发达国家，偷税、欠费、逃票之类的事不多，除了普遍的教育水准、文明程度高之外，制度约束也很重要。若无信用，寸步难行——在个人信用制度完备的社会，这应该是常识。

其实，讲信用并非西方的“专利”。中华传统文明中，一个“信”字，高扬了数千年。管子云：“诚信者，天下之结也。”所谓“结”，即关键所在。不管是传统农耕社会，还是现在所谓的“后工业社会”，若是信用全失，都会天下大乱。

大约是我们正经历变革，大约是传统信用体系已失效、新的尚未建立，当今社会，不讲诚信的现象，实在是太严重了，建立个人信用制度，也是一种必然。

虽然，信用制度对个人是一种约束，但如能令社会风气有所改观，真的是我们每个人的福音。

2014 年 5 月 7 日

“减　震”

“三千年未有之大变局”，这句话出自晚清重臣李鸿章。若言外部世界的影响和冲击，确实如此。但若从中国内部社会来看，近30年的巨变，更当得起这句话。

社会结构迅速变化之际，会引发前所未有的矛盾和冲突，劳动争议，即如此。马亚红面临的困境就在于，现在的《劳动法》，不可能穷尽劳资关系的种种新变化、新问题，那就需要创造性的工作。在长宁区劳动人事争议仲裁院，95%的案件在发出仲裁书之前就宣告案结，这就说明，马亚红和同事们的工作，卓有成效。这样的成效，值得大书特书；这样的成效是如何取得的，值得好好总结。

马亚红的成功，当然源于她创造性的工作，同样重要的是，她的人文关怀精神。劳资纠纷，劳方处于弱势，他们往往会纠结于既想讨回公道又不想得罪老板的矛盾之中，对于这样的心态，需要给予更多的观照。

巨变的时代，一定会引发巨大的震荡。马亚红的特殊贡献之一就在于，“减震”。当今社会，“防震减震”，真是一门大学问。

2014 年 5 月 12 日

寻　根

那群来自墨尔本的孩子，我在报社见过他们，他们是那么阳光、健康，甚至漂亮，我喜欢他们。

今天，读到梁坚洛同学的信，我知道，他们也喜欢上海。他还表示，将来要回中国、来上海。

梁同学写信给韩正书记，起因，是他的钱包失而复得。我想，这件事感动了他，但真正引发他将来回祖国发展的决心的，是原本就深埋在他心里的中华传统文化基因，是他们的根。这一次的文化寻根活动，对这些在大洋彼岸长大的华裔孩子来说，有深远的意义。

文化基因，是个既神秘又具体的东西，它根植于每个人内心，有着巨大的吸引力和凝聚力，即使你远在天边，这基因总会影响你、感化你。梁同学说这次活动的收获超出了他的预期，正是源于文化的力量。

当然，要吸引海外游子，光靠文化基因、靠寻根是不够的，我们有责任把祖国建设成民主、富强的现代化国家，进一步增强民族凝聚力。正如韩正书记在给梁同学的回信中所言，祖国永远敞开怀抱欢迎他们。

2014 年 5 月 13 日

好片如何进院线

大体上,现在的院线排片,几乎是唯上座率。院线要挣钱,这样做,也正常。

一个常识是,电影的票房与质量,未必成正比。烂片票房数以亿计和好电影没机会跟观众见面的例子,太多了。在这样的大环境下,几乎人人说好的纪录片《乡村里的中国》,却进不了院线,倒也不是什么大新闻。好电影票房差,但却有人要看,怎么办?20多年前我读大学时,“红旗”和“平安”是专放艺术电影的,陈凯歌、张艺谋等第五代导演的许多“探索片”,就是在那里看的。现在,这两家影院早没了。去年夏天,成立了一个“上海艺术电影联盟”,后来,好像也没多大动静。上海要成为一个文化大都市,总该有艺术电影的容身之地,只要政府和院线一起持续努力,实现这个目标其实并不难。

最后想说的,那些认为纪录片一定没市场的,也未必高明。君不见,《舌尖上的中国》收视率高得惊人,《乡村里的中国》为什么就不能给大家一个惊喜呢?

2014 年 5 月 31 日

接　力

居委书记，杨如明做了 14 年，今年，她 64 岁了。

杨如明的退休，一延再延，为此，她还跟上级“发火”。但是，许多人“似乎还没有习惯离开杨如明的小区”。

大家都觉得离不开杨如明，意味深长。这是杨如明的荣光，是群众对她的认可、信任，是对她的最高褒扬；同时，也透出一个问题，那就是在“小巷总理”这个岗位上，有点人才短缺。

其实，要说杨如明有什么天大的本事，当然也不是，但是，她身上有着两点品质，却是稀缺的：其一，为了居民的利益，认死理、较真；其二，心无旁骛，一心一意做好居委会工作。

报道说，我们上海，像杨如明这样，20 世纪 90 年代中后期从国企干部改行当居委会领导的有一批，现在，他们集体进入“退休潮”。虽说，我们在培养年轻居委会干部上做了不少工作，也有年轻人有志于此，但总体而言，杨如明们如何把接力棒传下去，是一大课题。

接棒不难，难的是，接好棒。这，也是我们今天学习杨如明事迹的意义之一。

2014 年 6 月 3 日

不怕的底气

把社区工作喻为“群众服务的最后一公里”,是很准确、很有意思的说法,也道出了“小巷总理”工作的特性和重要性。这大概正是近一段时间以来,上海媒体集中报道基层好干部的宗旨所在。

今天报道的吴美娟,居民都佩服她。除了佩服她的工作能力外,更佩服她的“两个不怕”:不怕矛盾,不怕上级压力。要做到这两条,都不容易。相比较而言,不唯上,更加难得。为什么难,不必细说。值得深究的,是为什么吴美娟能这样做,她的底气何来?答案也很简单:因为她是为了公共利益、为了老百姓。

其实,做任何工作,都会遇到矛盾,也都会有来自上级的压力。那么,是绕开矛盾、迎合上意,还是一切从实际出发、一切从群众利益出发,这不仅考验干部的能力,更是考验干部的品格。官不论大小、职务不论高低,只要是为了群众利益、公共利益,就应该有底气迎难而上、一往无前。因此,吴美娟的“两个不怕”,意义不凡,值得每位党员干部学习。

2014 年 6 月 9 日

护 “肾”

湿地这个名词，早已由陌生到熟悉。

杭州的西溪，因为一部电影名满天下；到长三角走走，以湿地为名的观光点随处可见；在上海，崇明湿地也吸引了很多都市人去度假。

其实，旅游观光只是湿地的一个衍生功能，湿地的功用、功劳要大得多，它具有不可替代的生态功能：水源地、控制洪水、防止沙化、滞留沉积物污染物、储存碳元素、减少温室效应、保护海岸、动植物乐园……因此，它被誉为“地球之肾”。

这个比喻，非常贴切。可是，长久以来，我们一直对湿地保护缺乏足够的认识，后果就是湿地不断消失，直到今天，局面仍未彻底改观。以我们上海为例，十余年间，湿地减少率近18%！

上海虽是大都市，却有不短的海岸线，近海与沿海湿地大量减少，元凶就是曾经以为是向大海要地“妙招”的滩涂围垦。矛盾的核心，正是“发展与保护”。

抑制发展的冲动，保护环境、保护湿地，已迫在眉睫。像保护耕地一样，给湿地“划红线”，已是当务之急。

护“肾”要紧，切记切记。

2014年6月10日

如何不偏不倚

“谁对判谁赢”，这是王艳姮法官的守则。

其实，这个守则就像公平、公正、法律面前人人平等一样，都是司法工作者必须遵守的原则。但是，现实是复杂的，特别是涉及“民告官”的官司，因为地位不对等、信息不对称，要做到不偏不倚，就需要法官对法律有坚定的信仰，有排除一切干扰的定力和决心。

王艳姮说：“很多当事人一辈子就来法院打一次官司，我在法庭上的一言一行和审理程序，有时候在当事人脑中，就等于法律的公正与否。”这个朴素的想法，或许是支撑她秉公执法的底气所在。如果，每一位司法工作者都有这样朴素的信念，老百姓就不会为了打官司，特别是打“民告官”官司而发怵了。

近日，中央决定选择上海、广东、吉林、湖北、海南、青海 6 个省市先行试点司法体制改革。改革的目标，就是着力解决影响司法公正、制约司法能力的深层次问题，完善和发展中国特色社会主义司法制度。要实现这个改革目标，就需要更多像王艳姮这样的好法官。

2014 年 6 月 16 日

拍卖的乐趣

先从世界杯说起。

本次杯赛首次引进“门线技术”,“门线冤案”就此绝迹。有好事者说,如果足球像 NBA 一样,关键球有争议就看录像回放,岂不是可以让比赛更公平?众多资深球迷反对说,裁判误判是足球的乐趣之一,万万使不得。

此理,也被人用来说拍卖。今天的拍卖会,鱼龙混杂,众所周知。有人质疑拍卖公司只认钱,也有人说,真假难辨正是拍卖的乐趣之一。你要买东西,自己凭本事看,眼光不好买了假货,活该。

这种论点,站得住脚吗?拍卖是生意,做生意,就要讲诚信。知假贩假,总是不道德的。一个假画大行其道的拍卖市场,总是不健康的。

艺术品鉴定,大抵分三种:看真、看假、存疑。那些“开门假”的货色,就不能让它们混迹于拍卖场,而对存疑的作品,也要慎之又慎。这次王锡荣先生对两封鲁迅书信提出疑问,敬华闻讯撤拍,值得赞赏。

拍卖的乐趣,在鉴赏收藏,在投资升值,绝对不在以假乱真。一旦假作真时真亦假,又有什么乐趣可言?

2014 年 6 月 30 日

放假的宗旨

记得告别学生生涯时，最让我留恋的，是暑假——再也没有痛痛快快玩两个月的日子了。

孩子的天性，都爱玩，但每个孩子，又必须通过学习，来获取知识和学历。这是一对矛盾，解决这个矛盾的办法之一，正是放假。

可是，即使是放假这件事，也有人偏偏要弄出点"中国特色"来，做老师的，布置大量作业；做家长的，为孩子报各种补习班。似乎，不用作业把假期填满，就"吃亏"了、落后了。

放假的宗旨是什么？对孩子来说，他们首先想到的，当然是玩。放假就应该痛痛快快地玩，这有什么错吗？我觉得没什么错。当然，光是宅在家里看电视、打游戏，是不行的。出门旅行、社会实践，都是很好的选择；看看课外书，做做家务事，简单易行又有益。能不能让孩子接受"玩不只是看电视、打游戏"这一概念，那要看大人的本事。

如果说，在平时，我们的宗旨是要让孩子们学习好，那么，在假期，就应该研究如何让孩子们玩好。那种把暑假变成"第三学期"的做法，可以休矣。

2015 年 7 月 3 日

节俭永不过时

有一个像笑话的新闻，蛮能反映时代的变迁——

话说一时髦女孩买了条“破洞”牛仔裤，还没穿，就被热心的奶奶将“破洞”全部补好，孙女哭笑不得又感动不已。时代飞速发展，“破洞”竟然成了时尚，“中国好奶奶”们怎么可能懂？

有不少人认为，时尚就是奢华，节俭只不过是艰苦岁月的习惯，那就错了。其实，所谓时尚，都是要过时的，风水轮流转嘛。倒是节俭，永不过时。

比如，外出开会，一人发一瓶水，会毕，有人把喝剩的半瓶水带走，也有人拍拍屁股走了。后者，是不是很土？再比如，高档楼宇里，大夏天把空调打得很低，大家西装笔挺上班。这公司，是不是很土？

如今，环保概念早已经深入人心。在饭桌上，把鱼翅推开，拒吃，不仅正义感十足，而且时尚感颇强。动不动就吃燕鲍翅的，不是土豪是什么？

如果，对上面这些你都认同。那么，你也一定赞成，节俭永不过时。

节俭，并不简单地省几个钱，而且环保、时尚，更重要的，是对每个人品性的滋养。

2014 年 7 月 4 日

政府要有作为

在几乎人人都会接到诈骗电话、短信的今天，大家对骗子横行，既愤怒、又无奈。对于“你中奖了”之类的骗局，大家多半一笑了之。但是，对“野鸡大学”，恐怕不能这么宽容。因为，这些“大学”不仅骗钱，还可能耽误不少青年人的前途，其危害不可谓不大。

当然，需要一再提醒学生和家长睁大眼睛，不要轻易上当，更不要拿孩子的前途开玩笑。但是，与此同时，我们仍然要追问，为什么“野鸡大学”可以这样招摇过市，年年夏天晃出来害人？答案并不复杂——违法成本过低。一则，拷贝个网站就能行骗；二则，处罚力度实在太小。

“野鸡大学”既未在教育部门登记，也未在工商部门注册，问题的症结，正在于此。他们正好处在“三不管”的“执法盲区”，因此，多年来，只看到他们行骗，没见到他们受罚。究竟谁来管，恐怕需要尽快明确下来。法治社会里岂容“野鸡大学”横行？查处“野鸡大学”，政府要有作为。

2014 年 7 月 19 日

难得的蔡蕴敏

蔡蕴敏，很难得。

首先，蔡蕴敏是个难得的好护士。记者在采访蔡蕴敏的身边人时，听到了许多感人小故事。蔡蕴敏27年如一日，真诚待人，她的口头禅是“让病人活得有尊严”，真是说到了点子上。

其次，蔡蕴敏是个难得的专业人才。她是一位造口师，这个名称，大多数读者或许是第一次听说。看了报道之后，相信大家也会像我一样，对这份工作产生由衷的敬意。正因为蔡蕴敏是稀缺人才，所以许多病人慕名而来，她年门诊量达7000个，这还没算上休息日义务出诊。

最为难得的是，蔡蕴敏放弃了走上管理岗位和跳槽拿高薪的机会，一心一意留在又脏又累的平凡岗位上。我们不妨想一想，身边有多少人削尖脑袋去谋求一官半职，不惜放弃自己的专业和特长。在“官本位”盛行的今天，蔡蕴敏如此选择，太了不起了。

今天，我们当然要提倡学习蔡蕴敏，同时，是不是也应该想一想，在政策、待遇上如何向蔡蕴敏们倾斜，让他们干得安心、开心。

2014年7月20日

罚到它倾家荡产

震惊！这是昨晚电视播出“福喜”胡作非为的报道后，大家的一致感受。微博和微信朋友圈被这条消息刷屏，“福喜”一夜之间臭名远扬。

“福喜”，这个名字充满中国传统韵味，其实，它是个洋牌子。一家为肯德基、麦当劳、必胜客等知名快餐供货的美国独资企业，它的产品分布如此之广，又是如此备受消费者的信任，竟然“有组织”地干着违法勾当，令人震惊，令人气愤。

“福喜”既利用了市场的信任，又钻了监管的空子。他们堂而皇之地干着加工过期食品的勾当，却要等到记者冒险卧底才被公之于众，这是很令人叹息的。

当前，第一步是迅速将“福喜”的违法产品封存、下架，不让它们继续为害；其次，要彻底查清所有违法事实；最后，要依法严惩，罚到它倾家荡产。

罚到它倾家荡产，并非激愤之语。这是国际惯例，也是法治社会之必须。早在三年前，李克强同志就强调“一定要让不法分子付出高昂的代价，直至倾家荡产”。

这次，“福喜”将付出什么代价？我们拭目以待。

2014 年 7 月 21 日

重典何在?

昨天,笔者写了一篇《罚到它倾家荡产》,文短语峻。然,一同仁阅后问我,“福喜”家大业大,你有本事让他倾家荡产?

查《食品安全法》,“福喜”显然是触犯了第八十五条,当“没收违法所得、违法生产经营的食品和用于违法生产经营的工具、设备、原料等物品”。那么,该罚多少钱呢?且看:“货值金额一万元以上的,并处货值金额五倍以上十倍以下罚款”,毫无疑问,即使按上限,对“福喜”来说也不过是“毛毛雨”。

那么,还有没有更严厉的条款呢?也有,其一,是“情节严重的,吊销许可证”;其二,是“构成犯罪的,依法追究刑事责任”。

对“福喜”及相关责任人,是否要动用上述两条,当由执法部门依法裁定。仅从经济处罚力度看,目前的法律似太过绵软。

于是,我们要问:食品安全,重典何在?

巧的是,《食品安全法(修订草案)》正在中国人大网面向公众征求意见,加大处罚力度,是必须的,要让“罚到它倾家荡产”敲定落实。

2014年7月22日

舆论监督是正能量

由舆论监督引发的“福喜事件”，正在朝着公众期盼的方向发展。

今天上午，“福喜”母公司全部高管拜会市食药监局，表明配合监管的态度。昨天下午，韩正书记主持召开专题会议，明确“在上海，不管是什么企业，只要违法，都必须依法严惩”。韩书记特意谈到了媒体的重要作用，他强调“要支持媒体，保护记者，保护举报者”，他指出“这样的舆论监督是正能量”。

我想，听了这番话，我们媒体工作者都会像卧底“福喜”的电视台同行一样，倍受鼓舞。舆论监督有多重要，道理是明摆着的。可是，一旦遇到具体事情，有涉事单位会认为媒体在“找茬”，有政府部门会认为媒体在“添乱”，有人不仅心里不满，甚至会动用各种关系向媒体和记者施压，这是从事舆论监督常常会面临的困境，这也正是韩书记所说“要保护记者”的针对性所在。

“福喜事件”告诉我们，只要媒体出于公心，客观、公正、理性、准确地进行舆论监督，一定会得到党和人民的支持。这，就是我们的主心骨。

2014 年 7 月 28 日

贼喊捉贼

“福喜”果然有钱,犯了事,我们这边罚单还没开出来,他倒先拍出1000万大洋。只是,这钱的用途十分可笑——要在中国开启耗时三年的食品安全教育活动。

这,就好比小偷规劝大家要遵守公德,嫖客教育人们须忠于爱情。中国有句成语,叫“贼喊捉贼”,用来形容“福喜”此举,倒是再贴切不过了。

确如中国网友所言:“你还是先把自己管好,再去教育别人吧。”

“福喜”这么多年,在中国市场挣了多少钱,自己心里清楚。你们不是有“顾客就是上帝”之说吗？哪有自己不干不净,还要教育上帝的道理?

有个词汇,也是舶来的,叫“危机公关”,时下也颇为流行。大抵是出了事、犯了法,不必深刻反思、承担罪错,而是巧言令色、花钱消灾。对这次事件,“福喜”不可谓不重视,只不过,“公关”味道太重,诚意不足。

“福喜”说,他们不想放弃中国市场。这,当然可以。但要重新赢得中国消费者的信任,光说几句“道歉”,怕是不够的。

2014年7月29日

孩子去哪儿

张默二次吸毒被抓，所有的媒体无一例外都提到他是张国立的儿子。我反对给任何人贴“星二代”之类的标签，不过，对张默，张国立因为忙于拍片和其他原因疏于管教，是肯定的。

于是，《爸爸去哪儿》真人秀节目似乎在提倡另一种更正确的育儿观——明星再忙，也不要忘记多花时间陪孩子、教孩子。节目呈现的浓浓亲情也曾感动了无数观众。似乎皆大欢喜——电视台收获了收视率，明星赚得了影响力，孩子也可以通过录节目黏在爸爸身边……

真的是这样吗？大家别忘了，这是一个商业节目，电视台和明星都因为节目赚了大把大把的金钱，不知不觉间，天真可爱的孩子成了大人赚钱的工具、消费的对象。“多多说贝儿偷钱”，只不过是一个极端例子罢了。

我愿意相信，参加“爸爸去哪儿”的明星爸爸们，都是爱他们的孩子的。但是，不知道他们有没有想过，把那么小的孩子曝光于万人瞩目之下，会有什么副作用。而公共电视台，拿孩子来炒作，更是令人不齿。

孩子去哪儿，能不慎乎？

2014 年 8 月 1 日

微信，微信？

大概是因为我在媒体工作，因此被视为“消息灵通人士”，常有朋友向我求证在微信上疯传的各种传闻，遗憾的是，绝大多数，都是一望而知的假消息。

对腾讯公司也好，对微信用户也罢，不管愿意不愿意，微信已经从一个社交工具变成了信息集散地。甚至，对不少人来说，微信已成为“第一信源”。因此，微信上假消息泛滥，不是小事。

腾讯出手封杀传谣账号，展开“净网行动”，就成为必须。进一步而言，对那些恶意发布谣言，并借此牟取不当之利的行为，还须司法部门依法惩处。

对于微信用户而言，哪怕仅仅是为了维护自己的合法权益，也要不轻信、不传谣，多长个心眼，总没错。

有一个现象值得玩味——谣言往往在微信上传播得飞快，而辟谣的消息，转的人却少得可怜。这个，或许属于传播学专家需要研究的新课题。可是，作为普通人，我们也要想一想，为什么那么相信“人咬狗”，却不理会“人没咬狗”呢？

如果，微信上的消息真的只能“微信”了，那是多么无聊。

2014 年 8 月 7 日

以此为戒

上午,一起案件的审理在微博直播。

微博直播庭审,并不是第一次,相对于此前直播过的举世瞩目大案,这个案子似乎要“小”得多,但是,它却与我们每个人息息相关。

今天审理的,是“彼特·威廉·弗莱、虞英曾非法获取公民个人信息罪”一案。检方称,这对夫妇按每条800元至2000元的价格,购买中国公民的个人信息,并制成“调查报告”,以数万至数十万元不等的价格卖掉。

个人信息被泄露,每个人都有体会。大家都接到过一些莫名的电话,对方不但叫得出我们的名字,还知道我们家住哪里,孩子多大,读几年级……想想真是可怕。

仅仅是推销员们无休无止的骚扰,已经足够烦人,而今天审理的这个案子告诉我们,情况要复杂得多,有些人非法获取他人信息,甚至有着不可告人的罪恶目的。对此,唯有依法打击。

当然,不是每个人的信息都可以卖出成千上万元的高价,但是,每位公民的信息,都是隐私,都受法律保护。那些随随便便倒卖他人信息牟利的人,你们要以此案为戒。

2014年8月8日

新上海滩

本期“新民观察”讲的，又是“筑巢引凤”的故事。不过，因为章子怡、张艺谋、莫言这一串亮闪闪的名字，可能会引来更多的关注。

对于电影业，好多人会回忆“上海滩占了中国电影半壁江山”的往事，这样的美好回忆，既可以是激励，也可以是叹息。正因此，松江这几座影视文化产业园区的成功，令人高兴并且赞叹。能够吸引到众多一线大牌落户，除了“上海”这块金字招牌外，园区的理念和服务是不是达到了国内外的高水准，恐怕是更重要的。

上海之所以成为上海，不仅仅因为这里的楼很高车很多经济很发达，文化产业的发展水准，同样是重指标。放眼世界，哪一个大都市不是文化重镇？

今天，我们没有必要老是回味那“半壁江山”的过往辉煌，而是要踏踏实实为上海文化产业的大发展大繁荣谋篇布局、开疆拓土，让新上海滩成为全国乃至全球文化事业发展的基地、福地。

松江的成功值得我们为之鼓掌，但今天的成功，只是迈出了第一步。

2014 年 8 月 9 日

享受书香

这几天，一篇题为《王安忆：我在电脑上写作没法思考》的访谈在朋友圈广为转发。好像，转发此文的，都是书迷。

当王安忆们坚持用纸笔书写时，另有一些人似乎对阅读纸本也变得不耐烦了。他们的理由无非是，网上资讯应有尽有，而且免费，为什么还要读纸质书呢？更有人会犀利地质问爱书人：你为什么不去读竹简？

我不是一个守旧的人，微博、微信啥的，用得也很早。但我坚持认为，无论是用电脑还是手机看东西，那只能叫浏览，不能叫阅读，二者一杂一专、一浅一深、一粗一精，判若云泥。

阅读的意义，不用我再来饶舌。我只想说，与其捧着手机不放，看别人吃什么东西去哪里玩，远远不如一卷在手，舒服自在。

纸质书很快就会被淘汰的预言，很武断。这不，新近发布的调查显示，多数上海市民仍然首选读纸质书，且呈回升态势。真好。

未来是不是真有一种介质，像纸代替竹简一样将纸淘汰，这个让科学家去回答。今天，且让我们放下手机，去亲近、享受书香吧。

2014 年 8 月 12 日

从管理到治理

初看起来，闸北区网格化管理平台处置的事情很具体，甚至有些琐碎——清理西瓜摊啊、查处黑车啊、整治群租啊，等等。但是，如何做好这些与市民息息相关的工作，却是一个大命题，叫做“创新社会治理”。

这个大命题，专门写进了十八届三中全会的公报。全会提出，创新社会治理，“必须着眼于维护最广大人民根本利益，最大限度增加和谐因素，增强社会发展活力，提高社会治理水平，维护国家安全，确保人民安居乐业、社会安定有序”。

从社会管理到社会治理，仅一字之差，意义却很深远。社会管理主要依靠政府的权力来发号施令，而社会治理则要靠政府、市场、法律、文化、习俗等多种因素组成合力，要形成政府、社会、市场、公民个人之间的良性合作和互动，要实现公共利益的最大化。

闸北区的探索取得了一定的成效，值得学习和推广，但是，“创新社会治理”这篇大文章才刚刚开了个头，需要我们社会每个成员一起努力，才有可能交出令人满意的答卷。

2014 年 8 月 15 日

书香飘出书展

书展今天落幕，满是不舍。

每年 8 月的上海书展，总是令人赞叹——原来，我们上海有这么多爱书人。前两天与一位商务印书馆的编辑聊天，她说，来上海参加书展，最开心的就是见到这么多读者，这正是上海书展的魅力所在。

书展的热闹，并不仅于展厅。这几天，在微博和微信上，书展也成了主角，真的让人感到书香满溢。

于此，便想到，在把书展办好的同时，如何让书香溢出展厅、飘满全城。主办者是用心的。今年，全市 17 个区县均有分会场，书展活动首次过江上岛到崇明。不过，还是有细心的读者发现，书展热而书店冷。明年，能不能让更多的书店进书展，同时，也让书展走进更多的书店呢？

前面说的是空间。在时间上，如何把各类读书活动“分摊”至全年，也值得探索。书展人气旺，跟书迷能见到作家是分不开的。各类娱乐明星与粉丝的见面会几乎天天都有，我们的作家，能不能享受同等待遇呢？

让书香超越时空、飘出书展、天天撒欢，那才是书香上海。

2014 年 8 月 19 日

中秋“新常态”

今年中秋节前，月饼票蟹券少多了。原因何在？上中纪委监察部网站看看就知道了。其一，8 月 10 日，网站开通公款送月饼等“四风”问题举报窗，同时每周通报违反中央八项规定精神的案件；其二，2013 年开始，因中秋送礼被处分的案例共 30 起，涉及官员 44 名，处理范围包含 12 个省区市、1 家事业单位、1 家央企。

如此高压之下，敢于顶风违纪的人，毕竟少之又少。

其实，月饼票满天飞、天价月饼夺眼球的“旧风光”，虽然大家见怪不怪，却是极不正常的。因为，买月饼票花的绝大多数是公款，而那些带着茅台、洋酒甚至名牌手表的天价月饼，绝大多数也是用来送礼行贿的。这两年中秋节的“新景观”，其实是理性的回归。一些人收到的月饼票少了，并不会影响中秋佳节的气氛。你看，散装月饼火爆、豆沙月饼脱销，不是很热闹吗？

说理性回归，是回到了中秋的“新常态”，只要高扬反腐大旗，坚持八项规定，“新常态”就会逐渐变成常态了。

2014 年 8 月 30 日

谁的耻辱?

心里堵得慌。这是我看到佰祥养老院“苟活”于废墟中的感受。难以相信,在上海,今天还有这样的场景,而且,已经好几年。

这是谁的责任?

养老院,很尽责,所以大多数老人选择留下;“房东”只负责“收租”,也没有“逼”养老院搬家;街道方面呢,与产权人签订了征收补偿协议,已经“完成了任务”;而且,根据政策,民办养老院场地应由经营者自己找……一圈兜下来,似乎,谁也没责任。

好吧,且先不问责。就问问,眼睁睁看着老人们“仿佛生活在废墟中”,你们不难过吗?不脸红吗?

拆迁的事,是经常发生的。如果被动迁的是机关、企业,或是医院、学校,这样的局面恐怕都不会发生,那为什么,轮到养老院,会这样?恐怕,还是重视不够吧?

希望,各有关单位,尤其是政府部门,靠前一步,主动作为,尽快帮助养老院解困,即使一时找不到地方搬,先把周边环境整一整,总可以吧?

还希望,我们都能扪心自问,这样对待养老院,这样对待老人,是谁的耻辱?

2014 年 9 月 16 日

更科学更公平

本周刚刚在央视一套播完的电视剧《历史转折中的邓小平》，让我们又重温了那段激动人心的岁月。仅仅以个人经历而言，剧中讲的那么多改革举措，恐怕恢复高考于我最为重要。几乎难以想象，如果没有高考，我的人生会是怎样。可不可以这么说，近段时间以来，高考改革的决策者，改革方案制定者、实施者，包括我们这些媒体的报道者，绝大多数都是高考的受益者。高考的重要性，真的怎么高估都不过分。

对于学生来说，除了英文考两次，可以多一次选择外，最为盼望的，是在高三阶段能从反复的机械操练和“题海”中解放出来。但是，改革的意义恐怕不仅在此，更重要的，是要让高考更科学、更公平。

让学生从“题海”中解放出来，也并非让大家可以轻轻松松上大学。要过考试关，都必须付出艰苦努力，古今中外，概莫能外。改革的目的，是希望优化人才培养、选拔机制，让高中教学提升质量、大学选才科学公平。

方向明确了，方案出台了，大家一起努力吧。

2014 年 9 月 20 日

为常态化叫好

如果说，市人大常委会“专题询问”这件事，对于不少读者来说，还不是太熟悉的话，那么，对于上海的政府官员来说，则是必须要面对的“考试”。

首次“专题询问”距今已经四年了，经过四年探索，已经常态化了。市人大代表通过这种方式，将有效行使人民赋予的监督权。对于这样高水准、高规格、专业化、常态化的监督，政府管理部门必须从不习惯到习惯，从习惯到高度重视。我们希望，诸如拆除违法建筑、生活垃圾分类等疑难问题，通过这样的有效监督，可以加快解决进程。

当然，我们为“专题询问”常态化叫好，并不仅仅是因为解决了几个民生难题，更重要的，这还是人民民主制度化的一个重要探索和成果。习近平同志本月在庆祝全国人民代表大会成立 60 周年大会上发表重要讲话指出：“我们必须坚持国家一切权力属于人民，坚持人民主体地位，支持和保证人民通过人民代表大会行使国家权力。”从这个意义上说，人大代表的责任，重如山。

2014 年 9 月 27 日

“领　舞”

今天，一组照片在网上热传——长春一小区门前空地装满车位地锁，据说是为了赶走广场舞大妈。这当然是个下策，就好像此前有人用高音喇叭驱赶广场舞大妈，都是两败俱伤的。

就没有好办法吗？当然不是。昨天，上海市社区舞蹈及时装表演大赛启动，吸引了 2 万人参与，广场舞大妈是主力军。也是在昨天，静安区向大妈们赠送音乐发射器和无线耳机。为了营造文明跳舞的环境，大家都在想办法。

广场舞，对跳的人来说，爱之深；但是对与“舞场”比邻的人来说，又恨之切。对此，既有“公地悲剧”“囚徒困境”之类的“高端”分析，又有“坏人变老”之类的胡诌抹黑。

这样的分析，把事情弄复杂了。其实，大妈们需要的，是好的“领舞者”。所谓“领舞”，就是引导。引导也有两方面，一则要让大妈们懂得权利的边界，懂得公共空间法则；二则要为大妈们营造、维护适宜的跳舞环境。二者缺一不可。

为广场舞领好舞，也是社会治理的一个新课题，管理部门是回避不了的。

2014 年 10 月 10 日

美好而简单

最最不愿意读这样的新闻：一位年轻美好的女子，骤然离世。

“@秦小艺 1229”，上个月，她名动微博。今天，再读秦艺老师的故事，仍然默然许久，难以落笔。

就说说她的微博签名吧——“有梦想，爱音乐，辅导员”，多么美好而简单。她的故事，并无惊天地泣鬼神的桥段，却依然十分动人。辅导员，是大学里有点“卑微”的岗位，但是，对于学生们来说，却极为重要。前不久，复旦大学中文系老师戴耀晶逝世，读到的悼念文字，大多来自他当辅导员时带的学生。这两天，我的大学同学们在张罗聚会，纪念入学 30 周年，大家都觉得，对我们班、对我们这批同学，影响最大的老师，不是哪位名教授，而是我们的辅导员。

天底下，应该有许许多多的学生，曾经受惠于他们的辅导员吧？秦艺老师的学生们，将永远怀念她、感念她。在“副教授强吻女学生”之类的丑事频频夺人耳目的时下，我们多么需要这样简单而美好的故事，来荡涤污浊。

亦师亦友、美好简单，师生关系，本该如此。

2014 年 10 月 13 日

纳　新

我不知道，现在几乎遍布市区的加油站，当初在建设时，有没有遇到过激烈反对。再说得远一点，在清末，从大臣到百姓，惧照相会“摄魂”，视火车为“妖物”，却不只是笑话，而是有大量文献为证的。要让大家接受新鲜事物，很不容易，这是常情。

现在，轮到了新能源车的充电桩。小区车位紧张，当然是原因之一。但居民担心触电、起火等，同样也是不小的阻力。其实，只要严格按规矩办，充电桩是很安全的。

新能源汽车，利国利民，好处多多，不必赘言。政府在扶持新能源汽车上，也是花了大力气，又是打折贴钱，又是免费上牌。这么优惠，为什么大家仍在观望呢？恐怕症结就在充电上。

因此，希望政府部门像推广新能源汽车一样，出台政策组合拳，综合施策，找出答案，消除居民的顾虑，解决车主的困难，帮助充电桩迈过“最后一道槛”。

吹响呼吸，吐故纳新。新能源汽车，不仅是新事物，更是大方向。方向认准了，就看我们怎么做了。我坚信，新能源汽车一定会大行其道。

2014 年 10 月 25 日

就业率要辩证看

因为就业率太低,中文系就不要办了。如果有人这么说,一定会被斥为荒唐。那么,如果是物流管理呢? 是不是就可以取消这个专业了? 恐怕,同样不能这么武断。

这不是在说笑,汉语言文学和物流管理,真的一起进入了教育部公布的“上海 10 个就业率较低专业”的“灰名单”。

对于就业率,要辩证看。

作为教育主管部门,发布权威的就业率信息,是必要的。从学校到学生,将其作为办学或是求学的参考,也是完全可以的。大学的专业设置,肯定不是一成不变的。但是,大一进了个热门专业,到大四变成冷门,也不是没可能。所以,学校切忌盲目扩张,学生切忌盲目跟风。

办学也好、求学也好,眼睛不能只盯着就业率。大学并不只是培养职业人才的场所,更是知识分子和国家精英的摇篮。一些基础学科,怕是就业率再低,也要办下去,并且要办好。读大学也不只是为了找个好工作,更要培养独立的学习、研究、思考能力,养成高尚的人生观、价值观。如果忘了这一条,读书意义何在?

2011 年 11 月 1 日

需要顶层设计

非常巧，儿子就读的小学和中学，都紧邻消防队。我常说，这两个学校校址选得好。我有不少机会看到消防战士训练的场景，很是敬佩。

这个月，《上海市社会消防组织管理规定》实施，又引出消防职业化的话题。而这个话题此前一两次引发关注和讨论，正是缘于今年 4 位 90 后消防员的英勇牺牲。

正如专家所言，消防虽然是高风险职业，但却未必一定要付出牺牲。而丰富的经验，正是从容应对险境、避免失误和牺牲的重要因素。一位消防兵，刚刚成熟，就要退伍，多少有些可惜。记者调查发现，消防职业化面临许多体制和机制上的困扰，要解决这些难题，光靠消防部门的努力，怕是不够的，而是需要顶层设计，为消防职业化提供制度保障，只有解决了消防员的后顾之忧，他们才能一心一意干下去。从这个意义上说，《上海市社会消防组织管理规定》的实施，只是一个起点。

我想，让消防队员待遇好一点、荣誉多一点、保障强一点，大家都会举双手赞成。

2014 年 11 月 8 日

不要满足于纸上谈兵

首先要声明,我从来不认为高校所有的研究都必须转化为市场成果变成钱,一些人文学科和基础学科的研究,是不能仅用金钱来考量的。

其次要说的是,中国高质量科研论文数(请注意,是高质量论文)蝉联世界亚军,仅次于美国,是一件大好事。

接下来,我们可以切入正题,来讨论名校无缘企业"订单"是不是有问题?搞科研重发表论文轻成果转化的现象,是不是普遍存在?如果答案都是肯定的,那就值得警醒了。国家投入于高校的科研经费,那真是一笔巨款。这笔钱是纳税人的付出,我们心甘情愿地支持国家在科研上加大投入,当然是希望这样的投入最终结果是强国富民,而不仅仅是纸上谈兵。

为什么科研精英沉醉于发表论文?这恐怕跟高校科研考核体系有关。如果,从评职称、升迁到经费的获得,都仅仅以在中外核心刊物上发表论文为指标,那么,重发表轻转化就是必然的结果。

考核,是一根指挥棒,如何奏好高校科研这部交响乐,当指挥的,要深思。

2015年11月15日

不仅老人需要“睦邻”

读到徐汇区建设“睦邻点”的报道，想起了我的外婆。外婆是个家庭妇女，当年，好几家邻居都把家里钥匙交给她。于是，邻家孩子回家吃午饭，由外婆管；突然下雨了，邻家晾的衣服由外婆收；冬天，邻家晒的被子，也由外婆及时收进屋，保证被子满是太阳的香味……

外婆离开我很久了，这样美好、温暖的邻里关系似乎也在渐行渐远。

徐汇区建设“睦邻点”，是一种就近、自愿、自治的老年家庭互助养老模式，老人之间既可以聊天解闷，又能够相互照应，在“深度老龄化”的上海，不妨在全市推广。

好邻居，不仅仅是老人需要。远亲不如近邻这句老话，是很有道理的。如果，随着住房条件的改善，邻居之间老死不相往来，生活里总是少了些什么吧？中央把“友善”二字写进社会主义核心价值观，与民主、自由这样重量级的词汇并列，是有深意的。

推广“睦邻点”，需要政府部门的力量。但是，在电梯里给邻居一个微笑、一声问候，我们每个人都做得到。

2014 年 11 月 25 日

可贵的书生气

刘佩红身居要职。经历了禽流感疫情的冲击，见识了死猪漂江的“奇景”，即使人们对她的专业和工作完全不了解，也都会知道，市动物疫病预防控制中心主任这个岗位有多重要。

刘佩红当了官，又成了名人，可贵的是，她身上依然有着浓浓的书生气。说起来，凡是担任一定领导职务的人，一般都是读过大学的，有不少还是硕士、博士，曾经都是读书人，大概都会有一些书生气的。可是，现实的情况是，不少人一旦当了领导，便有了官气，甚至江湖气，保有书生气的领导，倒显得难得了。大概也因此，听到部下都叫刘佩红“老师”，连见多识广的记者，都觉得稀奇。

有书生气的领导，往往会一心扑在事业上，对专业精益求精；有书生气的领导，往往作风民主，爱护部下；有书生气的领导，往往讲原则，不乱来；有书生气的领导，往往很真实，不虚伪；有书生气的领导，往往很谦虚，无霸气……刘佩红就是这样的有书生气的好干部。这样可贵的书生气，要大力提倡。

2014 年 11 月 30 日

莫把开头当过头

《莫把开头当过头》,是前辈范敬宜先生的成名作,1979 年发表于辽宁日报,人民日报全文转载,并加编者按。在改革开放初期,许多改革举措,都会引起一些人的不适甚至非议,所以,范先生此文传诵一时。

如今,人们思想中的禁锢,比起当年,少了不知凡几,这便是改革开放的功劳。而在今天,对于政策,有一些不同意见甚至批评,是好事。关于"绿牌"的讨论,也是如此。

既然是讨论,我也不妨说说我的个人意见。我觉得,即使有这么多优惠政策,买新能源汽车的人,不是多了,而是少了。之所以少,倒也不是说优惠的力度不够大,恐怕跟车子的性能有待改进、充电桩安装不方便关系更大。

至少在目前,担心推广新能源汽车会导致机动车保有量增长过快,确实有点多虑了。跟拥堵问题相比,空气污染问题,恐怕更重要。因为,空气污染会损害每个人的健康。推广新能源车,是全球的共识,是方向,现在,刚刚才开了个头,我们也不要把开头当过头。

2014 年 12 月 14 日

微三百——2015

依法依纪依规严肃问责

记得，那个跨年夜，也是星期三。

今天，时隔三周，外滩拥挤踩踏事件的调查结果正式公布。调查组认定，即使新年倒计时活动已经移到外滩源，即使当晚外滩出现的超大人流是“群众自发”的，黄浦区政府和相关部门对事件仍负有不可推卸的责任。想一想消失的36条年轻生命，领导干部难道还有什么可以推诿的吗？跟沉甸甸的生命相比，区区乌纱帽又算得了什么？

人民群众的生命安全高于一切！面对如此惨痛的教训，各级政府和领导干部必须直面问题，要敢于担当，要勇于负责。

该拿什么来告慰遇难同胞的亡灵？该拿什么来向上海人民乃至全国人民交代？恐怕只有两条：

其一，查清事件真相，明确事件责任，依法依纪依规严肃问责；其二，认真吸取教训，提升责任意识，排除隐患打造安全城市。

血的教训、生命的教训告诉我们，再也不能有丝毫侥幸，再也不能有丝毫疏忽，再也不能有丝毫懈怠，一定要记住，保护好人民群众生命财产安全，是各级政府和领导干部的天职。

2015年1月21日

城市安全预则立

“不该发生,完全可以避免的事件”,这是上海市领导谈到外滩拥挤踩踏事件的定性之语。不该发生的发生了,可以避免的没避免,为什么?调查结果,归结为三条:“预防准备不足,现场管理不力,应对处置不当。”三条之中,核心是第一条。

城市安全,重在预防。“预则立,不预则废”的老话,完全适用于此。只有把安全预警机制做到位、做到万无一失,才能从根本上避免悲剧再次发生。这次事件,暴露出对无组织的人流密集活动存在管理空白,因此,本市已经在研究出台“大型群众活动安全管理办法”。一句话,无组织活动也要有预案。从城市管理的角度,做到预警不留死角,是一方面。另一方面,加强安全教育、提升公民的安全意识和公共素质同样重要。即使在平时,我们每个人都有可能在地铁枢纽、球场、游乐场等场所遇到超大人流,如何做到安全有序,既关乎每一个人,也考验每一个人。

城市安全人人有责,真的是一句实实在在的话。

2015 年 1 月 24 日

不要轻言“违法”

违法建筑，人人喊打。上海拆违动作大、成效也不小，堪称法治建设的成绩之一。不过，对于文化创意产业园区里的老厂房改建，似乎不该轻言“违法”。

因为历史原因，上海市中心原来有许多工厂。工厂迁出市中心，是大势所趋。大多数的老厂房，现在都拆了。我居住的小区，原来就是一家工厂。工厂搬迁后留下的老厂房，统统一拆了之，那就太粗暴了。老厂房改建文创园，是一条相当好的路子。莫干山路上的 M50，就是成功案例。在一些英文旅行指南书上，M50 已经像老城隍庙一样，是上海的文化标志、必游之处。

说老厂房改建是化废为宝，一点也不夸张；如果要把这件事提升到上海产业升级、创新驱动的高度，也很切题。当然，老厂房改建也不是想怎么改就怎么改，没有规矩，肯定乱套。因此，尽快制定、出台老厂房改建的法规，就迫在眉睫了。

依我看，在相关法规出台前，只要能确保安全、不扰民、不破坏环境，就不要轻易去扣“违法”的大帽子。

2015 年 1 月 31 日

书店的方向

听到这个好消息,顿觉周遭寒意全消。

什么好消息？原来,2014 年实体书店零售市场实现了 3.26% 的增长。这个增长率不算高,但是,千万别忘了,这么多年来,我们本以为实体书店颓势难挽了,甚至要渐次消亡了,这个消息怎不让爱书人欣喜?

我们的记者报道曦潮书店时说,校园滋养书店,这个自然是对的。大学与书店相伴相生,是中西通则。但就我个人的人生经历而言,则是书店滋养了我。对书店充满感恩,应该是我们这一代读书人共有的情愫罢。当今数字时代,“网络巨风”浩荡,商业形态巨变,连南京路淮海路旺铺都风光不再,实体书店受到冲击,只不过是大浪潮中的小浪花而已。除了个别坚拒网络的“老夫子”,读书人谁不爱“卓越”“当当”“孔夫子”？便宜、便捷,有此“二便”,实体书店似乎难以招架,只能且战且退了。

其实未必。实体书店也有网店难以比拟的优势,至少有两点:其一,书店的书香,是实实在在的,徜徉书海的幸福感,又岂是网店能替？其二,书店可以让写书人、读书人、做书人、卖书人相聚一堂,观点碰撞,其乐融融。

是的。如果书店仅仅是个“卖书的场所”,被网店替代,是迟早的事。但是,如果书店能成为读书人、爱书人的温暖家园和精神寄托，就永远不会消亡。

好书店，应该成为一个城市的文化地标。从这个意义上说，书店的方向，就是我们的方向。

2015 年 2 月 9 日

旅行的意义

《旅行的意义》,是一首歌。吟唱的,其实是爱情,而非旅行。临近过年了,来说说旅行的意义,倒也有点意义的。

说起来,古人是把“行万里路”跟“读万卷书”并列的,可谓意义重大。从谢灵运到徐霞客,在古代,我们也有拿得出手的旅行家。可是,仅仅在30年前,旅行还是奢侈品。突然之间,我们成了旅游第一大国,连出国游,也成了寻常事。在世界任何一个角落旅行,几乎都会见到祖国同胞,甚至在南极、在乞力马扎罗听到上海话,也概率颇高。

对于普通中国公民来说,出国旅行成为家常便饭,既休闲玩乐又开阔眼界,自然意义不凡。对于我们这个曾经国门紧闭的发展中大国来说,意义就更为深远——改革开放、拥抱世界,已经成为不可逆转的时代潮流。我们只有打开门、走出去,才能更明晰自己坐标,才能更清晰路在何方,才能有自信做合格的地球公民。

旅行的意义,在脚下,在远方……

2015年2月16日

不只是游戏

正月十五一过,新年算是过完了。火得不能再火的"抢红包",也应该消停了。

说起来,开发微信红包的团队,还是很有分寸感的,他们把一个红包的上限,定在200元,那些商业机构发的红包,金额也不大,但依然能让那么多人如痴如醉,正说明这个"真金白银"的游戏,开发得极为成功。

关于"抢红包",有人乐在其中,也有人忧心忡忡,认为这个游戏破坏了春节亲人团聚的氛围。这其实是多虑了。说到底,"抢红包"不过是游戏。

但是,"抢红包"又不只是游戏。其实,它开启了移动支付市场争夺战的大幕。在这场竞争中,阿里、腾讯等互联网企业出尽风头、占尽先机,而传统金融机构就显得木知木觉,扮演的角色,无非是银行卡"被绑定",像路人甲。

"被绑定",真的是相当准确的一种状态描述。如果不主动,一直是"被绑"着参与移动支付的竞争,那么,结局多半大高不妙。"抢红包"游戏,人人可以玩;但如果金融机构仅以游戏视之,将会输得很惨。

2015年3月7日

人格的尊严

很欣赏李凤琼。

欣赏她,当然是因为她以德报怨,同时,也因为她的真。

李凤琼的真,给我印象至深的,有两点:其一,她说,如果当天晚上就去酒店,也许就能找到两个醉汉,可是因为“太生气”,没有去;其二,她说:“他们还欠我 69 元车钱和一句道歉,这是人格尊严的问题。”放着近万元钱不取,却想着人家“欠 69 元”,这样的矛盾,就是统一在“人格尊严”上。如果,李凤琼留下这笔钱,应该是很“安全”的——两个乘客,喝醉了,又没付钱,几乎没有找到她的可能。但是,李凤琼觉得这样做,有违她的做人原则。这,也是人格尊严。

一个人,如果看重自己的人格尊严,就可以清风朗月,问心无愧,一身正气,清白做人。可惜的是,这一点,许许多多像李凤琼一样的普通劳动者做得到,而一些占居高位、挣了大钱、得享大名的人,却未必做得到。

李凤琼是一个普通人,她拾金不昧的故事,也很普通。但是,她的真,她的人格尊严,值得我们每个人敬重。这,正是我们不惜版面,报道她的故事的缘由。

最后想说的是,李凤琼捡到的包里,有数张银行卡,如果由派出所或是出租车公司出面,到银行查一查,找到失主并不那么难。

可能，他们都是“依章行事”，使得问题拖延，以至于还要李凤琼本人找到媒体寻人。当然，我们很乐意。可是，为什么有些部门就不能急人所急，跨前一步，替人解忧呢？在这一点上，恐怕也要学学李凤琼。

2015 年 3 月 10 日

隧道大修是个机会

今天起，延安东路隧道大修。

对于原本每天上下班走这条隧道的市民来说，这次大修像“阵痛”，很麻烦、不舒服。但是，对于上海的越江工程布局而言，这次大修却是一次机会，一次理顺格局的机会。

从建成的那一天至今，延安东路隧道一直是最受欢迎，也是最堵的一条越江通道。人民路、复兴东路、新建路三条隧道，离延安东路隧道虽然很近，却乏人问津，简直是“冰火两重天”。

为什么大家会有“宁堵不绕”的习惯呢？表面看，自然是因为延安东路隧道直通延安路高架和世纪大道，优势突出；背后还有一个原因则是——即使想绕路，也没那么容易；即使绕了路，也不见得省时间。比如，我在延安路高架上，看到前方拥堵，下了高架，是不是很容易就能开到人民路隧道呢？结果很可能是，地面更堵。

趋利避害，人人都会，问题是——其一，能不能迅速将延安东路隧道附近的车流分流至附近隧道？其二，出了人民路等隧道，能不能迅速到达高架等快速通道？这两个问题解决了，延安东路隧道的压力，一定会减轻。

2015 年 3 月 14 日

为什么踢球

先说说我的高三。

那是三十多年前，只要不下雨，我和小伙伴们几乎是天天下午放学后踢足球踢到天黑。踢球，与现在玩手机最大的不同，是需要集齐一帮人，即使是七对七，也要十四个。那会儿，我们踢球从来不会缺人。当然，当我们踢球时，坚持在教室里刻苦用功的人，也有。但是，高考的结果是，踢球的远远好于不踢球的。

说这些陈年往事，只是想说明，踢球与读书与复习与高考，并不矛盾。但是，高三天天踢球，现在听起来像是天方夜谭了。

可以预见，足改方案公布后，各级学校对足球的重视程度，将大大提高。诚然，一个国家足球人口越多，越是有利于提高整体足球水平。但是，我们在鼓励足球进校园、鼓励孩子们踢球时，不妨想一想，为什么要踢球？

为了进世界杯？为了升学？为了高考加分？不对。踢球最大的好处，是能给孩子们带来健康和快乐。这才是根本。

足改方案说，足球改革的目标是增强国民的幸福感和获得感。那么，让孩子们踢球，目的也应在此。

2015年3月21日

自闭症优势

人往往会有思维定式，比如说到自闭症，我便会不由自主地联想到“自闭症儿童”。确实，随着前几年媒体的宣传，自闭症儿童的故事已经广为人知，他们进入小学、初中学习也成为可能。但是，我们却没有深入想一想，自闭症儿童是会长大的。

今年，“世界提高自闭症意识日”的主题是“职业：自闭症优势”。这个题目令人深思。大家会问，难道自闭症患者就业还有优势？当然，相对于普通人，自闭症患者就业可谓困难重重，联合国定的主题是想提醒人们，正如盲人做推拿有优势一样，很多自闭症患者同样也有他们的优势。

自觉雇佣有疾患员工的企业，当然有，但不会多。因此，中外政府都出台了强制或鼓励企业雇佣残疾人的政策。类似政策是否可以惠及自闭症患者呢？恐怕需要管理部门认真评估、研究后拿出对策来。

消除歧视和偏见，给予所有人尊严和权利，尤其是尊重自闭症患者这样少数人的权利，是一个社会的文明标志之一。研究自闭症患者的职业优势，是时候了。

2015年3月28日

你们难辞其咎

对于不堪其扰的电信骚扰和十恶不赦的电信诈骗，我们常常会无奈地问：怎么没有人来管一管？其实，对于电信犯罪行为，警方一直在着手打击的。据今天上海警方介绍，去年，侦破了电信诈骗案件 2840 起，今年头 55 天，就抓了犯罪嫌疑人 118 名，力度不可谓不大。

但是，为什么我们仍然天天被骚扰，又有人天天被诈骗呢？运营商和银行难辞其咎。

那么，为什么运营商和银行对打击电信诈骗不起劲？有充分的证据表明，他们从骗子的“诈骗成果”中分得了一杯羹。虽然骗子得大头他们得小头，却也令他们对骗子大行其道睁一眼闭一眼。

运营商也好、银行也好，绝大多数都是央企，享受着垄断资源、收获着高额利润的同时，千万别忘了，你们还有社会责任在，保障人民群众的财产安全，是天大的事；也千万别忘了，从骗子那里分得的钱，是不义之财，是赃款。

诈骗行为或许难以杜绝，但是，如果电信运营商和银行从技术上层层设防，骗子就不会那么轻易得手了。

亡羊补牢，未为迟也。

2015 年 4 月 8 日

循序渐进终要进

昨天，跟同事聊“新民观察”，他建议将这个栏目的稿子编成书，因为这些文章很有时代感。他说，将来的读者看到这篇“观察”，或许会觉得奇怪，当年连公共场所禁烟也要讨论？

我十分欣赏循序渐进这个词，凡事急不得。比如公共场所室内禁烟，道理肯定是对的，但要烟民和营业场所一下子适应并完全做到，是很难的。于是，饭店设吸烟区、宾馆设吸烟层、办公室设吸烟角，就很符合循序渐进的道理。

但是，循序渐进，终究是要进的。今天，我们将公共场所室内全面禁烟提上立法议程，是完全应该的。

身为烟民，我今天是第三次在“微评”这个小专栏里呼吁禁烟了。第二篇举了自己的例子：我休假三周，去美洲旅行，带了一条烟，结果只抽了不到两包。原因呢，是人家室内不让抽。今天向读者汇报，我现在已经戒烟了。原因呢，是报社办公室装修后不让抽烟了。那，我就索性彻底不抽了。

我现身说法，是想说明，禁烟对烟民来说，也是有好处的。往往，他律比自律更有效。

2015 年 4 月 11 日

抚慰“失独”之独

这个母亲节，我们关注“失独母亲”这个特殊的群体。

说起来，一旦“失独”，是全家之痛，陷入痛苦深渊的又何止母亲一人。但其中，生之养之的母亲，恐怕是最痛的那一个。

恰如“独生子女”是根据我国国情制定计划生育国策的特殊产物，“失独”现象，也是现在这个历史阶段的特殊问题。之前，独生子女的父母们还年轻，问题尚不突出；未来，越来越多的家庭可以生二胎，问题也会缓解。因此，现阶段，这个矛盾最为突出。我们是不是应该特殊情况特殊对待，通过政策引导、组织关心、社会关爱，来抚慰“失独”之独、之痛、之苦。

“失独”母亲的再生育问题、“失独”父母亲的养老问题、“失独”老人的经济负担问题，都需要社会关心、政策扶持。

或许，我们永远无力弥合“失独”母亲的心灵创伤，但我们应尽最大的努力，为她们排忧解难，让她们的晚年活得有乐趣、有尊严。

2015 年 5 月 9 日

民意与决策

如果仅仅从民意看,全面放开生育二孩一定会获得绝大多数人的支持。最简单的道理,就是对于个体而言,当然是没限制比有限制好。至于 70 后的期盼和呼声,虽然只是一部分人的特殊情况,也是值得重视的。

如果从实际来看,全面放开生育二孩也是大势所趋。人口学者的那些数字分析,可能很枯燥,但人口老龄化带来的问题,已经是活生生的事实。生育率过低的后果,也不言自明。

但是,从国家决策层面看,事情就没那么简单。首先,法律修订就必须严肃认真;其次,对于可能出现的人口增长反弹,也要有科学的预估和完备的预案,不能等到孩子都生出来了,再手忙脚乱地去应对。

所以说,民意和决策之间,可能会有一些时间差,这是正常的。但是,作为决策者,必须抱着积极的态度认真倾听民意、认真研判国情,而不能采取消极、回避的态度。

生育问题,对国家、家庭、个人,都是大事。对大事,就要花大力气、用大手笔来对待。

2015 年 5 月 23 日

管住你的手

黇鹿，据说是欧洲最漂亮的鹿。那么漂亮、温顺、可爱的生灵，竟然在这个五月，接二连三死于非命。原因，又是游客手痒。

黇鹿，可能不少读者像我一样是第一次听说。但是，因为游客胡乱投食，导致动物误食而亡的事件，却不是第一次发生。最著名的一次，就是长颈鹿“海滨”之死。那是1993年，这22年，我们上海发展之快、变化之巨，令全世界惊叹。可是，为什么个别游客的素质，竟然仍然如此低下。

我们可能已经无法得知塑料袋、小毛巾是如何被扔进鹿园的，也就是说可能无法追究罪人之责。但是，每一个曾经在动物园里手痒的人，读到今天的新闻，都应该感到羞愧。

在公共场所手痒的人，很不少：在文物上刻“到此一游”的、在博物馆里打闪光灯拍照的、在公园里采花折柳的，不一而足。还有不少人，把脸丢到国外去，以至于在世界各地的景点，都可以看到中文的“文明提示”，真是令人汗颜。

请管住你的手，这是一个文明人最起码的标准。

2015年5月25日

教育强，则创新强

今天，两个词相遇——教育和创新。

先说远的，30 年前，中共中央颁布《关于教育体制改革的决定》。30 年改革发展，中国教育成绩巨大。

再说近的，昨天，上海市委全会通过《关于加快建设具有全球影响力的科技创新中心的意见》。今天，创新已成共识。

韩正同志昨天强调，要择天下英才而用之。所谓海纳百川，上海应该有这样的胸怀和眼光。但是，从另一方面，也可以说，我们自己培养的创新人才，严重不足。问题的根子在哪里？在教育。我们的教育，成绩巨大，问题也不小。最大的问题，在创新意识的培养上，我们在观念、机制和实际操作上，差距都不小。

应试至上，分数第一，死记硬背，答案唯一……这些中国教育公认的顽疾，导致的最大恶果，就是中国的孩子高分低能，这个“能”，集中体现在创新意识上。

在加快建设科创中心的同时，上海是不是也应该在教育改革上寻求新突破呢？上海有条件、有责任走在教育改革的前列。

教育强，则创新强；少年强，则创新强。

2015 年 5 月 26 日

关爱少数人

先扯远一点,说说我在纽约坐公交车的见闻。

在纽约,如果遇到坐轮椅的人乘车,对公交司机来说,那就复杂了:第一步,将两个活动座椅翻起,留出一个轮椅的位置;第二步,将车门踏板放下;第三步,将乘客推上车;第四步,用铁环将轮椅与车身固定住;第五步,收起车门踏板。然后才能开车。这套程序做下来,要好几分钟。

为了一个人,影响了一车人,但纽约人对此早就习以为常了。因为他们懂得,多数人要尊重、关爱少数人。这是重要的现代文明理念之一。

回到今天的主题,诊治罕见病。这个"戈谢病",全中国只有几百个病人,却对它大动干戈,花了大力气去研究它,专门撰写"诊治共识",减轻患者的痛苦和负担。这个"共识"的出台,既是医疗科研的进步,也是医疗理念的进步。我国罕见病诊疗的水平与国际先进水平间距离缩短的过程,也是我们文明程度提升的过程。

尊重、关爱少数人,应该成为我们的共识。

2015 年 5 月 30 日

更是“小主人”

今天是儿童节，祝孩子们节日快乐！

设立儿童节，目的是为了关爱、保护儿童。这当然很对。在上海这样的都市里，绝大多数的儿童，是享受着无微不至的关怀的。把孩子当成“小皇帝”“小公主”供着的，也不少。其实，我们的孩子，更应该是“小主人”。

10岁的俐俐，就是好榜样。烈日下公园里的金属盲文导游图太烫了，这个细节，大人都忽视了，俐俐用她的爱心、敏感和责任心，发现了问题。俐俐的妈妈，也没有觉得孩子是多管闲事，而是鼓励她给“市长信箱”写信。她很快就收到了回复，绿化部门邀请她一起到现场“办公”。

这是一个非常好的案例，孩子、家长、社会，都做得很出色，值得好好学习、推广。每一个孩子都有当“小主人”的能力，关键在大人。如果我们从小培养孩子的责任意识，那么，像俐俐这样的“小主人”一定会越来越多。

希望孩子们做“小主人”，并不在于要他们去解决多少问题，而是因为在未来，他们注定要成为国家、城市的真正主人。

2015年6月1日

申遗的意义

何谓救助难民的“上海模式”？恐怕很多上海人都像我一样，只知道一点点皮毛，却说不清楚。

《辛德勒名单》名满天下，可是，“中国的辛德勒”饶家驹的事迹，我们未知其详。

苏智良教授昨天呼吁，将提篮桥犹太难民区和南市难民区“打包”申遗，是极有见地的。

中国的申遗，已经热闹许久了。不仅许许多多景点一拥而上，甚至不乏申到了，却被红牌警告之例。为何？因为一些地方把“世界遗产”作为一个揽客挣钱的金字招牌。申遗的意义何在？一为保护，二为传承。这两处难民区，有很多遗迹散落在市中心，主要历史建筑都在。“打包”申遗，可以大大提升对这些遗存的保护意识，更重要的是，这两个难民区的历史所体现出来的人道主义、国际主义精神，是上海的宝贝和骄傲，值得大书特书、发扬光大。申遗的过程，也是研究、整理、宣扬那段特殊历史的过程，进而要把这笔宝贵的精神遗产，融入上海的城市精神中，一代代传承下去。

2015 年 6 月 5 日

从断棒冰说起

有一种冷饮，叫断棒冰。

相信说到断棒冰，我的同龄人自有会心。但仍有必要向年轻人“名词解释”一番：余少时，上海棒冰 4 分钱一根，雪糕 8 分钱一根，而断开来的棒冰，只要 3 分钱。虽然只便宜 1 分钱，却很受欢迎。

上海人很幸运，即使在那物质匮乏时代，仍有味道极好的冰砖和紫雪糕供应。不过，寻常人家的孩子，吃得最多的还是棒冰。

现在说这些，倒不是忆苦思甜，其实断棒冰一样甜美。我想说的是，无论时代如何变迁，寻常、普通的食品应该占据市场大多数，冷饮也一样。

现在市场经济，冷饮店卖什么，倒不能靠行政命令来推。但是，东北大板突然风靡上海滩的故事，是不是也给光明牌的盐水棒冰、赤豆棒冰如何“占领”街边店一点信心、一点启示呢？

价钱贵的、花头透的冷饮，有人爱吃，也不妨继续卖。但对于不少孩子和年轻人来说，到了夏天，冷饮几乎是天天要吃的，可能吃来吃去，还是价廉味美的棒冰雪糕最好。低价冷饮的市场需求是很大的，岂可拱手相让？

2015 年 6 月 9 日

老有所学

昨天，一位退休的老领导回报社开会，顺便到办公室转转，看看老部下。让我诧异的是，老领导拿出一叠画作，一幅一幅展示，告诉我哪一幅是临摹的，哪一幅是创作的，显得很开心的样子。他说他从小喜欢画画，但以前那么忙哪有时间啊。

退休以后学书法、学画画的老年朋友，在我们身边真的很多。相对于老有所养，老有所学显然是一个更高层次的追求。

说上海市民素质高，老年大学火爆就是一个例证。为了报名，凌晨 3 点就去排队了，这些老年朋友也真是蛮拼的。

当一些年轻人还把读大学当成找一个好工作的敲门砖时，老年市民朋友去读大学，显然没有任何功利目的，他们或者是重拾少年时兴趣，或者是弥补年轻时的遗憾，或者是为了结识志同道合的朋友，一句话，是为了老年生活更充实。

老年大学如此火爆，说明上海老人精神面貌佳，当然是好事。但与此同时，也显示出供不应求的结构性矛盾。政府管理部门应该下更大的力气，尽最大的可能去满足老年市民的要求。

2015 年 6 月 12 日

拆前三思

文化遗产的概念，是很大的，历史建筑只是其中一小部分。在文化遗产日关注历史建筑的保护问题，是因为上海前一段时间接连出了好几起破坏甚至拆除历史建筑的事件。我们不希望这样的憾事接二连三发生。

历史建筑也分两类：一类，是挂了牌列入法律保护范畴的；另一类，并没有挂牌还有待专家进一步鉴定。那么，在鉴定结果出来之前，开发商开动推土机，是否该缓一缓？

前者不用讨论了，对后者，我觉得大家要形成一个共识：慎之又慎。

一则，历史建筑是不可再生的珍贵资源，拆了就没了，重建的，都是假古董；二则，随着时间的推移，老房子会越来越显得宝贵。比如说石库门弄堂，30 年前我们不当回事，将其列为“旧区改造对象”，现在，如梦方醒，认识到他们是上海城市文化的标志。那么，对现存的石库门、旧里、新里老房子、老弄堂，如何保护改建以更好地为城市服务呢？

保护历史建筑，也不是一味地不拆，而是如何在现有可操作的情况下，如何更好地留住城市的历史文脉，如何让生活在这座城市的市民生活得更好。

2015 年 6 月 13 日

提升用户体验

仿佛还是在昨天，上海人说住房条件好，有个标准，叫“煤卫独用”，家里能用上管道煤气还是令人羡慕的事。一转眼，150 年人工煤气的历史终结了。

煤饼炉、罐装液化气、管道煤气、天然气，我都用过，因此，对于燃气事业发展与市民幸福指数之间的关系，是深有体会的。相信，一定也有许多读者朋友对当年告别煤炉用上煤气的幸福感记忆犹新。从提升市民幸福指数这个角度来看，说“上海实现城市燃气天然气化”具有划时代的意义，恐怕是合适的。

煤气改天然气，宏观一点说，是优化城市能源结构，具体一点说，是让市民用上更安全、更环保的燃气。“全天然气化”，是一个阶段性的重大成果。提高燃气服务供应水平，是无止境的。现在，可以拿出更多的力量，来研究如何创新服务形式和手段，如何提升用户体验。

现在是网络时代，虽然点火烧饭还是一如从前，但燃气服务也不能因为自己是传统行业就远离网络，如何运用好手中的大数据，如何依托网络服务用户，大有文章好做。

2015 年 6 月 27 日

留住罪证

先说说我个人的感受：小时候，打鬼子的电影看了不少，慰安妇一词，却是要到很晚才听说，而迟至 2000 年以后，才知道原来我们上海也曾有那么多慰安所。

要让公众知晓抗日战争的历史和日本军国主义的罪行，光靠电影、电视剧是远远不够的，更要靠历史学家严谨、专业的研究。因此，我们要感谢苏智良教授和他的团队，感谢他们这么多年的扎实工作。

今天，中国仍有 20 名慰安妇在世，她们是声讨日军罪行的活档案。她们中，最年轻的也已经 84 岁了。可以说，苏教授做的是抢救性的工作，随着时间推移，会越发显得宝贵。

今天，上海 166 个慰安所分布图首次面世，其中，还有近 40 处遗址仍在。这些老房子，也是活着的罪证，最好能保留一些下来。评判老房子的价值，除了看建筑的年代远近、品质高下之外，还要看它蕴涵的历史信息。保留一部分慰安所遗址，正是为了留住日军侵华的罪证。

留住罪证，是为了让一代又一代国人牢记历史，从而更好地走向未来。

2015 年 6 月 30 日

游学与游戏

在许多城市家庭家境殷实的背景下，花上三五万，让孩子去欧美名校游学，许多家长是乐意的；如果花上同样一大笔钱，不过是让孩子“配合”某些机构玩一场游戏呢？理性的回答，应该是说不。但事实上，掏钱的家长并不少。

游学市场火爆，是事实；游学市场混乱，也是事实。虽然教育部去年就出台了有针对性的“指南”，规定学习时长要占行程一半以上，但仅此一条，达标的游学产品，也是少数。即使是少数达标的游学项目，对孩子们能起到多少锻炼英语口语、感受文化氛围的作用，也是天晓得。

当然，不能把游学这种方式一棍子打死。有不少英美名校的夏校声名远播，虽然收费贵，但孩子们确实能学到东西。同时，也有一些游学产品设计精良，物有所值。家长在如此鱼龙混杂的市场里，要睁大眼睛，做足功课。

退一步说，如果您心态足够好，本着游戏的态度，觉得所谓游学，不过是让孩子出门玩一玩，放松一下，长长见识，那当然也可以。

游学，还是游戏，就看您怎么想、怎么选了。

2015 年 7 月 6 日

法规不是死结

老小区的停车问题，似乎成了一个死结——小区老，车位少，停车难；欲扩路，要改绿，却违法。

依法办事，是常识，也是底线。但是，法律法规不应该成为死结，不应该成为解决民生问题的拦路虎。

老小区里的有车族，恐怕仍是少数。有的居民认为停车难与我无关。但是，如果乱停车问题太突出，甚至导致道路堵塞，那么，万一救护车、消防车也进不来，岂不是性命交关？因此，小区的停车、行车问题，其实与家家户户都有关。

如果达成了这个共识，那么，适当的改绿扩路、改绿增车位就成为可能。只要改造方案可行、合理，能获得绝大多数业主的支持，能获得绿化主管部门的批准，死结就能解开了。

请记住，我们所有法律法规的制定，都是为了保障公民的合法权利；我们所有的政府管理部门手中的权力，都是为了保障民权民生。因此，如果认定一件事是有益于民生的，那么，就需要管理部门靠前一步，在法律的框架下，努力做好它。

老小区遇到的新问题，应作如是观。

2015 年 7 月 9 日

啃老是一种耻辱

啃老一词，说得多了，外延有点大，有人把回父母家"吃白饭"也说成啃老，这个言重了。准确说起来，啃老是指年轻人手脚齐全、有谋生能力，却不去工作，仍然要父母养活。

年轻人不工作，细细分析，原因众多：有人家境好，觉得不缺那几千块钱；有人工作不顺心，就不干了；有人求职受挫，退缩了；也有人怕苦怕累，高不成低不就……

市政府既然把"帮助长期失业青年实现就业"列为实事项目，当然要分析原因，寻找对策。但是，我觉得不妨先换一个角度来思考这个问题——啃老是一种耻辱。

如果达成了这样一种共识，就好办了——哪怕收入再低工作再苦，先干了再说。养活自己，这是一个健康成年人的底线。

人尽其才，人尽其用，不管是对社会，还是对个人，都很重要，值得作为目标去追求。想找一个满意的工作，也再正常不过。但是，满意的工作可以慢慢寻找，但万万不能心安理得地在家啃老。

请记住，端盘子、扫马路，自食其力，不丢脸；啃老，才是耻辱。

2015 年 7 月 24 日

“亲和”普通老人

我大学读的是新闻系，同学们大多从事媒体工作，相当趋同。而我的中学同学，由于当年读的专业五花八门，现状也就千姿百态。近十年来，干得最是风生水起的，是一位女同学，她服务的公司，正是今天本报报道的亲和源。

亲和源，这个在上海成功起步的养老社区，已经复制到三亚、长沙、威海等地。那位女同学，也成了“空中飞人”，忙得不亦乐乎。

高端养老事业，既能够满足部分收入高的老人的养老需求，又能够挣大钱，不断发展扩张，真可谓两全其美。但同时，我们也要看到，能够有条件进高端养老社区的，毕竟是少数。目前最缺的，是适合普通老人的养老所在。这就需要政府、社会、企业三方多多“亲和”普通老人。

价位亲民的普通养老社区，利润大大降低，但配套服务却一样不能少。这令不少投资人望而却步。如果，政府能够出台政策扶持，社会各界能够热心参与，有眼光有社会责任感的企业能够迎难而上，那么，普通老人养老难的困局才有望破解。

2015 年 7 月 27 日

长远眼光和当务之急

乘地铁,要在站外排队半小时到一小时才能进站——简直不敢相信这是真的。

市民出行,是刚性需求。地铁站外排长队,这样的局面若不改观,是无论如何说不过去的。

16 号线出现如此罕见的局面,恐怕跟当初设计线路时对未来客流缺乏充分估计,是有关系的。那个“3 节编组”,是一个典型的负面案例。今天,我们考虑提升 16 号线运能,不管是加密班次,还是“3 改 6”,都必须对未来沿线不断增长的客流作科学、充分的预判,不要弄得永远在应付,永远应付不过来。

但是,运能的增长,不是一下子能办到的。当务之急是,天气酷热,乘客要在烈日下排长队。这个困局,必须尽快缓解甚至解决。在排队处搭个棚,让乘客免受日晒雨淋,应该做到吧?增开一些大站的空调公交驳运车,分流一下,也是可行的吧?

城市管理这篇文章并不好做,要有长远眼光,还要解决各种当务之急。对管理者来说,既需要有眼光有智慧有能力,更需要把群众的疾苦放在心上。

2015 年 7 月 28 日

关键是态度

一代人有一代人的生活方式、生活习惯，如果上升到生活观念，那么，个中差别，可以叫代沟。

比如，我们给长辈充好钱的公交卡，请他们出门尽量打的，但他们就是选择对他们免费的公交地铁；比如，我们乐意花钱买戏票请长辈看演出，但他们却偏偏选择看看社区文化中心里的免费表演。

与长辈之间存在代沟，怎么办？一句话，要尊重长辈。如果，我们有了这样的共识，就不难理解，老年活动室对于长辈们的重要性了。

到老年活动室“白相相”、聊聊天，是不少老年人一天中最充实、最开心的时光，甚至几乎是不少老年人的全部社交生活。我们这些忙于工作、忙于应酬的人，一定要充分理解这一点。从这一点来认识问题，就知道老年活动室不装空调或不开空调，真的不是一件小事情。

今天，从政府到公众，越来越重视老年事业。小区老年活动室在全市遍地开花，是大好事。但是，我们要把好事办好、办实。装个空调绝不是什么难事，关键是态度——设身处地为长辈着想的态度。

2015 年 7 月 31 日

不打招呼的调研

“咦，蛮像韩书记。”

“韩书记啊，侬怎么会来这里！”酷热的七月下旬，许多人意外地见到了到基层调研的韩正书记。为什么大家会意外？因为这是一次“不打招呼的调研”。

领导干部了解基层情况的途径有许多，听汇报、看材料、观舆情、读来信等等，都是下情上达的有效渠道。但是，“不打招呼的调研”得来的，无疑是最直接、最真实、最具体、最鲜活的基层现状和群众呼声。

“调查研究是做好一切工作的基础，是我们党在长期实践中形成的好传统。”韩正书记在上海十届市委九次全会如此强调。会后，韩书记轻车简从、不打招呼，下基层调研。他去的地方，除了菜场、老城厢等市民生活所在，还有“城中村”“厂中村”这样普通市民都难得一到之处，见到听到了许多在机关不可能见到的“原生态”市情民意。

为什么要强调“不打招呼”？因为如果上面打了招呼，下面就会有所安排。打扫一下环境，安排汇报人员，都是常规做法。这样一来，领导听到的，恐怕绝大多数都是正面的、顺耳的声音。但真正有价值的调研，就是要让基层一线的干部群众畅所欲言，正面的要听、反面的也要听，顺耳的要听、刺耳的也要听。这才是真实的声音。

这种不打招呼的调研，应该成为各级领导干部的工作方式，通过这种方式更多地倾听民声，了解民情。

2015 年 8 月 3 日

苹果来了，牛顿在哪儿？

世界有两个最著名的苹果，一个属于乔布斯，另一个属于牛顿。姓“乔”的那个，用的人不知凡几。姓“牛”的那个呢，原来远在天边，即将近在眼前。

牛顿苹果树，是英国的国宝。杨福家院士等科学家几经辗转，终于成功将其嫁接引进。很快，上海的市民，尤其是上海的孩子们，将会在科学会堂见到她。

杨院士说，他们这样做是“盼能孕育出中国的牛顿”，其心可感。中国要创新趋动转型发展，上海要建设科创中心，最缺的，是人才，是具有科学创新精神的人才。

记得，我知道牛顿和他的苹果，就是在那个“科学的春天”。毫不夸张地说，当年年轻人的偶像中，科学家绝对是主角。从西方的牛顿、爱因斯坦，到中国的陈景润、李四光，他们的故事激励了一代人立志攀登科学高峰。

今天，我们期盼，牛顿苹果树的到来，同样能够起到这样的激励作用。我们期盼，听听牛顿的故事，触摸牛顿的苹果树，能在孩子们和年轻人的心中，生发奇妙的化学反应。

苹果来了，牛顿在哪儿？

2015 年 8 月 7 日

野　趣

好几年前吧，杭州的西溪，因为一部贺岁电影名声大噪。那年秋天，也凑热闹，去西溪一观。转了大半天，感觉那里的景致，其实是儿时习见的。江南的乡间，原本不就是这样的吗？

各位，我绝不是说西溪名不副实，而是想说，杭州人实在是聪明，留了这么一大块充满乡间野趣的所在，既保留了湿地的净化生态功能，又变身景点大赚其钱。

为什么寻常景致会变成热门景点呢？实在是因为寻常景致早已不寻常。我们上海的市郊，原来也是河网密布、林木葱葱、充满野趣的，但随着乡镇工业的蓬勃发展，如此野趣，所剩不多矣。

应该意识到，一则，树林、水面、湿地，是需要保护的；二则，水泥森林里的都市人，是需要野趣的。上海推出郊野公园这个新概念，真可谓两全其美。

毫不夸张地说，上海的郊区也是寸土寸金，大力推进建设用地减量化，实在是目光远大之举。让能耗大的企业退出，让树林湿地回归，利国又利民。

上海的郊区，也有几个“西溪”，野趣寻常行处有，那该有多好。

2015 年 8 月 10 日

足协是个突破口

足协，将真的成为足协。

为什么这么说？长久以来，管理中国足球的，是“一套班子，两块牌子”。对外，中国足协似乎是个民间机构，其实呢，与“中国足球运动管理中心”是一拨人，所以，“足协官员”一词，倒并非虚指。曾有明眼人说，国家队领队是个“处级干部”。想想也蛮好笑。

昨天，中国足球管办分离正式启动，国家体育总局将与足协“脱钩”。足协改革，说到底，是要按足球规律办事。足球改革，从近期目标看，是要理顺管理体制；从中期目标看，是要提高我国足球发展水平；从远期目标看，是要让足球全面发展，群众普遍参与，提升国民身体素质，成为体育强国。

从这个意义上说，足协改革，只是一个突破口。足协改革，是为了提升足球管理水平，最终是为了提升中国体育水平。国家体育总局领导已经指出，单项体育协会都将改革，“不是改与不改，而是早改还是晚改”。

足协改革责任重大、意义深远。2015 年 8 月 17 日，必将载入中国体育史册。

2015 年 8 月 18 日

拆　弹

《拆弹部队》是一部美国大片，说的是美国拆弹专家在巴格达执行任务的故事。当年看这部片子的时候，总觉得那些事离我们相当相当遥远。

天津港爆炸事故发生后，那些比伊拉克战争场景有过之无不及的现场照片，让我们深深震惊——原来，在和平年代的都市里，竟然也会埋着破坏力如此巨大的炸弹。

安全，成为这个夏天的关键词之一；拆弹，成为我们城市的最重要工作之一。

前几天，韩正书记轻车简从调研水环境治理工作，竟然也发现了严重的安全隐患——在一处违法仓储里，大量油漆等易燃物品成堆，一头连着一个规模不小的汽车仓储，一头紧靠着江堤，一旦发生事故，后果不堪设想。

今天我们报道的“贴身”加气站、流动加油车，不就是游走在我们身边、随时可能爆炸的“炸弹”吗？

埋在我们身边的这些“炸弹”，不能总靠书记调研、记者暗访才能发现、才去拆除吧？各级政府职能部门和党政领导干部一定要切实负起责任来，坚决排除安全隐患，确保人民安居乐业。拆弹，已是当务之急。

2015 年 8 月 25 日

谁来拆弹？

前天，写了篇《拆弹》，希望政府部门和领导干部切实负起拆弹的责任来，把流动加油车之类的安全隐患排除掉。

我等写文章的，有一个道理还是懂的，那就是凡事说起来容易做起来难。流动加油车、“内部加油站”这种对城市安全带来巨大威胁的不法勾当，一定要依法取缔。这么写，谁都不会说我错。但实际情况往往要复杂得多。你看，正规加油站不但自我运行规范，而且还有工商、消防、安监等部门一环扣一环严加监管。反观非法加油站，不但他们瞎来来，而且“三不管”，在监管“夹缝”中笃定生存。

如此吊诡，令人深思。城市管理，像一盘棋，车马炮象士兵，要协同作战，绝不能只扫自家门前雪，此其一；其二呢，各个管理部门之间明确分工，是为了明确职责，绝不是推卸、逃避责任的挡箭牌。

现在问题很明确，“非法加油站”谁来管？希望承担城市安全监管职能的政府部门，尽快明确责任、拿出办法，迅速排除这些“定时炸弹”。

谁来拆弹，不能悬而不决。

2015 年 8 月 27 日

三说拆弹

这是本周第三次写拆弹了。把危险化学品比喻成炸弹，我以为是合适的，它们一旦爆炸，杀伤力甚至远远大于普通炸弹。

但比喻毕竟只是比喻，也没必要渲染恐慌情绪。危险化学品，其实早已深深地介入到我们的日常生活之中，它们的存在，也跟衣食住行一样，是刚需。所谓“拆弹”，是说要排除危险化学品在生产、储存、运输过程中的安全隐患，而不是排除它们本身。

排除隐患靠什么？一靠严格监管严格执法；二靠依法依规照章办事。危险品运输车“闯隧道”的行为，就是有章不循的违法典型。“闯隧道”一旦出事，后果真的不堪设想。另外，也不难想见，靠交警在隧道口一辆车一辆车地排查，执法成本有多高？

从目前来看，要提高法律的威慑力，依法加大处罚力度，提高违法成本是重要手段。政协委员建议，利用科技手段建立动态监管系统，也值得一试，为了城市安全，加大投入，是值得的。

同理，为了城市安全，我们媒体也要加大宣传力度。三说拆弹，不算多。

2015 年 8 月 28 日

不应一个人在战斗

读新闻，常常可以认识冷僻的字。佀，音 sì（似）。在中国，冷僻的姓往往大有来头，佀也是。佀，为华夏八大古姓之一，始祖为大禹。据《史记》记载，禹姓姒，“佀”姓即从“姒”姓演变而来。

佀国旗现在做的事业，很重要，很成功，却像他的姓一样，鲜为人知，很孤独。

赌博不仅是一种恶习，而且是违法行为，会使人倾家荡产，甚至家破人亡。佀国旗正是为了拯救沉溺其中的妻子，才走上研究戒赌之路的。

赌博的坏处可谓人人皆知，这么多人不赌不快，一是寻求刺激，二是想翻本，认为运气总有一天会眷顾自己。佀国旗就用事实告诉他们，翻本的可能性为零！

据记者报道，佀国旗戒赌的成功率出奇的高，达 95%。这个数字，非但远远高出戒毒，恐怕也高于戒烟。这，就需要我们好好研究了，佀国旗的成功，到底有一定的局限性和偶然性，还是有非常高的普遍性。即使是前者，也要研究其中的内在规律；如果是后者，那就必须大力推广了。

戒赌，不应一个人在战斗。

2015 年 8 月 31 日

饭桌教子？

夏天，儿子年满 18 岁；秋天，他开始读大学。于是，我教子的任务，大抵完成了。

教子 18 年，自以为教训远多于经验。身为独生子女之父，我的一大遗憾是，即使一肚子经验教训，却没有机会施展或是修正了。

作为过来人，我也来试着说说“饭桌教子”。首先，我完全同意父母要尽最大的可能，跟孩子多接触、多交流。家庭教育的重要性，早已深入人心，不必多言。其次，跟孩子接触交流，并不限于饭桌。相反，饭桌上其实并不适合说严肃的、令孩子不快的话题。再次，“孩子学坏”的原因，实在太过复杂，与父母同桌吃饭之多寡，未见得有必然联系。

如果我们进一步调查，大概也会发现，家庭贫困、父母离异、学校差劲、性格孤僻……都可以成为“孩子学坏”的原因。但反过来，寒门出贵子，单亲育人才的励志故事，也不少。所以，我们不妨把研究的着重点，更多地放在如何把孩子教好，而不是老想着要防止他们学坏。

重要的话再说一次，父母要多跟孩子在一起。

2015 年 9 月 7 日

正本清源

如果不是记者的文字表述和镜头呈现，我们这些生活工作在市区的人们，几乎难以想象，在上海的市郊、在我们不远处，还有如此脏乱差的所在。

合庆镇、许浦村，因为媒体的反复报道，因为市领导的关心，现在名声很大了。可惜，这是个坏名声。

曾经，合庆和许浦也是空气清新、河流清澈的美丽乡村，现在环境恶化到这个地步，冰冻三尺非一日之寒。问题积重难返，要解决也非一朝一夕之功。本报记者这几天的回访也证明了这一点。

要让空气变清、水变清，关键是要正本清源。本和源是什么？表面上看，是污染源，是物；根子上，却在人，在人的观念。如果，我们把人的观念理顺了，把群众的生活环境、幸福指数放在第一位，那么，就没有什么“好处”不可以抛弃，没有什么困难不可以克服。下不了决心，就下台；换不了环境，就换人。

黄月琴老妈妈的希望，让人听得心酸——能在有生之年看到环境改善。我相信，她的心愿，一定能实现。

2015 年 9 月 8 日

想到“时间银行”

“低龄老人”服务“高龄老人”，实在是一个好主意。

当“低龄老人”也变为“高龄老人”，以老助老的“接力棒”却无人来接。听到这个故事，难免会使人生出寡恩薄义之叹来。

如果只是站在道德高地来唱高调，恐怕是于事无补的。因为，每一个人都有自由安排自己时间和生活方式的权利。新的“低龄老人”乐于跳广场舞而不愿意服务“高龄老人”，也无可厚非。因此，要想把“接力棒”传下去，必须有一套好的机制。

由此，我想到了“时间银行”。这一概念是由美国人埃德加·卡恩提出的。在这个“银行”里，时间即“货币”，会员通过为他人提供服务来储蓄时间，当自己需要帮助时，再从“银行”里提取时间，即他人的服务。这种方式，在我国也有多地实施，主要用于养老服务。

但是，在“时间银行”的实践中，也会遇到“储蓄易提取难”的问题。于是，我们必须研究如何通过有公信力的机构，来确保提供志愿者服务的人们，可以从容获得应有的回报。

2015 年 9 月 12 日

特展怎么办？

专程到另一个城市看特展，并不稀奇了。这两年，在下也曾到苏州博物馆看唐伯虎、文徵明，到浙江省博物馆看《护生画集》，到南京博物院看虚斋藏画。

这两天，想跑远一点，去故宫看“石渠宝笈”特展。然，看报上说，要排六小时队，要在偌大的故宫里冲刺，想想怕了。

故宫的游客中，只知珍妃井，不知武英殿的，大概是大多数。因为这个“90 年最牛特展”，吸引了许多普通游客和观众，从艺术普及角度看，是大好事。

但本报记者发现，不少观众只看《清明上河图》，而冷落了其他名作，殊为可惜。故提出“特展怎么看”之问，很及时。

若进一步，还有一个“特展怎么办”之问，同样值得研究。因为“看热闹”的极多，而吓退了想来“看门道”的，办展的意义，不免也会打上些折扣。

比如，有人愿意“牺牲”不看《清明上河图》，能不能设法缩短他们的排队时间；再比如，能不能开设针对专业人士的夜场，哪怕收费贵一些也可以啊。

听说，故宫新院区就要开建了。盖房子之外，办展览的学问，也要钻研。

2015 年 9 月 18 日

转型之困

全球的大学,有各种各样的排行榜。前不久,据说很权威的QS发榜,复旦大学跃升全球第51、上海交大第70,双双进入百强。有人为之欢呼,也有人不以为然。这也正常。

也是前不久,全球最大的职场社交网站Linkdeln公布了一份以就业情况为依据的英美大学排名。相关微信,转发数很快破了10万+。正如微信公众号的一贯作风,这篇文章题为"不考虑就业因素的排名都在耍流氓"。说实话,中国的家长对大学生就业的关注度,也算是全球领先的。

大学教育要不要考虑就业?当然要。因此,随着我国产业结构的转型,高等教育的人才培养也要跟上时代的步伐,确实是对的。

转型是困难的。办了几十年的专业要停,不容易;从来没办过的专业要开,也不容易。更难的是,就业市场瞬息万变,高校亦步亦趋跟着,是很难跟上的。另外,一些基础学科,一定要坚持办好。综合性大学的眼睛,也不能只盯着就业。

所谓转型之困,不只是困难,还有困惑。这时候,需要的是定力,是前瞻。

2015年9月19日

还有一成多

在我们上海，赞成禁放烟花爆竹的市民越来越多了。最新的数据是：89%的市民支持。

有这么多人支持，说明这么多年以来，有识之士的呼吁和新闻媒体的报道相当有效，燃放烟花爆竹的坏处，已经广为人知；也说明所谓“传统观念”并不是完全不可以改变的。

今天，《上海市烟花爆竹安全管理条例（修订草案）》提交审议，有那么高的民意支持，条例审议通过，可以期待。

但是，我们不要忘了还有一成多市民反对。换句话说，还有一成多市民就是想放烟花爆竹。可别小看了这一成多。上海人口基数那么大，11%也是个大数目，而且，本来大肆燃放烟花爆竹的，就是少数人。

因此，一旦条例获得通过，起码有两件事需要做：其一，要通过有效的宣传，让每一位市民，尤其是那一成多市民知晓并且理解条例的精神内核和具体细则；其二，要制定执法细则，要像查禁酒驾一样，产生威慑力。

如果，那一成多市民不放烟花爆竹，从被迫变为自觉，这件事就大功告成了。

2015 年 9 月 22 日

回归中秋本身

2011 年 9 月，我在这个栏目写过一篇《月饼堵》，说的是中秋节前，上海的交通堵得“一天世界”（上海俚语，意为“一塌糊涂”）。“月饼堵”这个词，是网友发明的，真是一语道破“天机”，因为大家开着车送月饼。其中，不少是公车。而且，月饼中自有“玄机”，礼盒中配瓶洋酒，是小意思，听说，还有配手表、首饰的。这变了味的月饼，也使中秋这个传统佳节变了味。

有意思的是，“月饼堵”这个词，只红了一年。次年秋天，十八大召开。紧接着，反“四风”令下，使得三公消费和公款送礼大为收敛。市场是最为敏感的，前面说的那种豪华月饼，不见了，朴素的散装月饼、亲民的鲜肉月饼重新成为中秋市场的主角。与此相应的，虚头巴脑的大闸蟹蟹票，也鲜见了。

月饼回归为月饼，中秋回归为中秋。反腐倡廉，让中秋佳节也清朗起来，对此，群众是拍手称快的。

话说回来，这几天，上海的交通比平常是要堵些。大家开着私家车，给长辈和亲友送月饼、送问候。洋溢在都市里的这种节日温情，挺好的。

2015 年 9 月 25 日

诺奖效应

屠呦呦荣获诺奖，她的旧居也沾光。这，不能不令人想起莫言旧居的遭遇。

网络新闻，是惯于标题党的——“屠呦呦旧居要卖 1 亿 5”，这，会让人误以为她得奖后旧居“鸡犬升天”，其实，这座民国老建筑早就是开发商的“盘中餐”了。屠获奖，对开发商来说也未必是好事，因为有一种说法，旧居很可能会“变”为公共场所。

国庆佳节获诺奖，本来是喜上加喜。可是，从网上看相关舆情，却是一地鸡毛。几十年前的陈芝麻烂谷子被好事者重新翻将出来，传阅者众，津津乐道，指手画脚。难道这些人是觉得围观纷争比分享快乐更开心？

新中国第一次有科学家荣获诺贝尔奖，大家热闹热闹，是很正常的。反观东邻日本，奖拿得多了，自然就不这么热闹了。

屠呦呦获奖引发的效应，既不应是她的旧居被炒得虚高，更不应是一些陈年纠葛被“炒冷饭”，而应该是借此契机，开启青少年对科学的热爱和好奇心。近年来，我们一直提倡的创新精神，其源头，正是这样的热爱和好奇心。

2015 年 10 月 8 日

重启改革

出租车，是上海的一张“城市名片”。这句话，有些老了，老得我们都不好意思再说了。

上海的出租车，曾经有口皆碑。这口碑之得来，靠的是改革。现在，出租车行业必须重启改革。

说必须，是因为出租车行业遭到“内外夹攻”，不得不改。昨天上海出租车调价，滴滴、快的专车平台拿到“出租汽车经营资格证书”，正式合法化。两条新闻参看，是不是可以得出这样的结论：今天的改革，必须将传统出租车行业与新兴的互联网专车行业通盘考虑。

新的改革，恐怕不是给的哥降降份子钱、给专车发张“身份证”那么简单，而是要在“互联网+”的大背景下，让上海的出租车、专车纳入统一的管理平台，提供更规范、专业的服务，让公司、司机、乘客都满意。要做到这一点，不容易，可以先找几个突破口：比如，能不能规定出租车顶灯是绿灯招手必停；比如，能不能尝试专车也推出电话叫车服务，以此解决老年人叫车难的问题。

重启改革，擦亮名片，我们应该有这个信心。

2015 年 10 月 9 日

政策要支撑

《让俞丽拿们不再为上下楼苦恼》一文,是我编发的。本报微信公众号转发后,我认真阅读了网友的评论,大多数网友,也支持作者的观点。不过,或许是新媒体读者相对年轻,也有些不同的声音,比如:他们为什么不去买电梯房啊?凭什么要让低层居民迁就高层邻居啊?

说这些话的人,或许不大了解具体情况。如果到遍布全市的老小区去看一看,就会知道,住在那里的居民,老年人的比例相当大。而对老年人来说,换房子是一件极难的事:其一,经济实力所囿;其二,老人一般都不愿意搬家。

我们以俞丽拿、童双春为例,有"名人效应"的考虑。实际上,老年人上下楼的难题,是相当普遍的。

面对这样面广量大的民生难题,我们希望政府要重视、政策要支撑。一方面,在电梯的安装、保养、维修方面,政府多承担一点;另一方面,通过细化的政策,让住在低层的居民也得到实惠,从而提高征询同意率。

老龄化社会早已到来,解决老人的生活难题,提升老人的生活品质,应该成为全社会的重心之一。

2015 年 10 月 14 日

奔跑吧，少年

圈养和放养，言之于孩子，那只是一种形容。原本，说得更多的，是鸡。当我们刚刚向世界敞开大门时，西洋圈养鸡之快速出栏，还曾作为先进经验引进，肯德基曾占据外滩东风饭店，弄得跟高级餐厅似的。不多久，大家都明白了，鸡还是放养的好。

回过头来说孩子，午间是放在操场上玩好，还是闷在教室里好，答案很明确。那么，为什么这么多的小学中午操场上静悄悄呢？一句话：怕出事、怕担责。我们不能责怪学校胆小怕事。不信你去问问家长吧，有不少家长觉得孩子关在教室里更安全。

家长这么想，倒也没什么。但是教育工作者，应该更明白“放养”的好处。那么，他们就应该去那些让孩子在操场上疯玩的学校取取经——这是怎么做到的？

我想，大抵上，只要做好两件事，就行了：一是规避风险，一是分清责任。做到了这两条，学校就不必谨小慎微，家长也不会盲目维权。把配套工作做好做细，就可以把孩子放到操场上去了，就可以高声对孩子们说——奔跑吧，少年！

2015 年 10 月 19 日

关键在影院

“微评”这个小栏目,每篇不过300余字。我曾经在一篇“微评”里,花了一半的篇幅,描写了纽约轮椅上下公交车的复杂过程。关爱残疾人的善心,相信绝大多数人都有。但是,如果真的遇到一位乘客摇着轮椅想乘坐公交车,恐怕就有人会说:“凑什么热闹,家里待待不是挺好?”

对待残疾人的态度,是现代文明社会的标志之一。当我们生活日趋富足,越来越多地享受文化艺术、竞技体育的乐趣时,千万别忘了,残疾人朋友跟我们拥有同样的权利。残疾带来的不便,并不会浇灭他们的热情。问题就在于,我们这个社会,有没有为他们做到位。

主持人、播音员现场讲电影,值得点赞,但这样做无异于杯水车薪。最终的解决之道,应该在影院建设上,能不能向发达国家学习,辟出盲人专用声道,这在技术上难度并不大。如今,电影院遍地开花,而且一个影院一般都有五六个厅,在其中一个厅安装盲人声道并配上耳机,完全是可行的。

请盲人进影院欣赏电影,是时候了。

2015年10月20日

树和书

这是树和书的相遇，这是树和书的对话。

树，是名满天下的牛顿苹果树；书，是老牌科普杂志《科学》。他们，昨天下午同时在科学会堂隆重亮相，一个，初次来到未来的家；一个，庆祝百岁生日。

将牛顿苹果树引进上海是个好主意，一本科普杂志经历了百年风雨，更是不容易。两个活动放在同一天办，这是主办方的匠心。其实，嫁接牛顿树和办科普杂志，目标是一致的——对公民，尤其是对孩子，根植科学精神，提升科学素养。因此，我们不仅要向牛顿致敬，也要向百年来致力于科普工作的科学家致敬。

据报道，现在的科学家们，都不大愿意为《科学》写稿了，据说原因是科普"小文章"，不像论文那样"有用"，不被列入考核范畴，于评职称啥的亦无助。科学家也如此"实际"，虽然可以理解，但多少令人失望。当年，牛顿思考苹果为什么掉下来，恐怕不会是为了评院士吧？

科学创新精神的培养，应该从娃娃抓起。带孩子去抚摸"牛顿树"，为孩子写一篇小文章，其意义，大得很。

2015 年 10 月 22 日

重建信任

读到 SSAT 和雅思取消中国考生成绩的新闻，真是百感交集。因为去年，我作为家长，也经历了类似的煎熬。

目前，并不知道美方的“足够充分的理由”是什么，我愿意相信，357 名考生中，总有孩子是凭真本事考的，他们被“连坐”，十分冤枉。他们完全有理由抱怨。抱怨谁呢？抱怨美方简单粗暴？抱怨不诚信的同学“连累”了大伙儿？

不得不说，美英考试机构对中国考生，普遍失去了信任。而且，他们的怀疑，并非毫无根据。国内培训机构通过押题、泄题来博取高分，是“公开的秘密”。如果说，“押题”还算是“本事”的话，“泄题”则是见不得阳光的恶行。

培训机构要明白，那些不端行为一旦被曝光，将声誉扫地；家长也要明白，可以通过不正当的手段获得高分——这种价值观根植于孩子心中，将贻害无穷。

我们不希望孩子们辛苦的成果“被清零”的悲剧再发生，前提是要人家对我们重新建立信任。常识又告诉我们，坍塌的信任要重建，是很难的。但再难，也要去做啊。

2015 年 10 月 23 日

不能一笔糊涂账

在我的右掌心，有一处淡淡的印痕。那是初中的时候，在煤渣跑道上跑步，摔了一跤，当场膝盖、手心鲜血淋淋。一点外伤算不了什么，但是煤渣嵌在皮肉里，清理起来很麻烦。这处印痕，就是因为有一粒渣嵌得特别深、特别久。

所以，当看到我的孩子可以在塑胶操场上奔跑玩耍，羡慕极了。

不料，“发展的问题”无处不在，看上去色彩明快、触感舒适的塑胶场地，竟然会让孩子“中毒”，类似新闻，频频发生，令人揪心。这几天，各家媒体都在对此事作深入采访，市教委也成立了应急工作组展开调查。但从目前调查的情况看，关于塑胶场地，标准不清、责任不清、监管不清，简直一笔糊涂账。相对于塑胶场地从幼儿园到大学无处不在的现状，对它的监管，严重滞后了。

其实，学校普遍铺设塑胶场地，在上海也有十多年了，事关孩子的健康，相关标准和监管如此稀松，是不应该的。为什么老是等出了事故才重视？事关孩子的身心健康，标准要从严、监管也要从严，不能一笔糊涂账。

2015 年 10 月 24 日

城乡统一

读中学时，很喜欢去农村玩，去得最多的，是赵同学家。他家的长辈，都待人和善。他的爷爷，还常带我去钓鱼。后来，突然听赵同学说，他爷爷去世了。问是什么病，说就是发烧，大概是肺炎，老人家的手，死死把着床沿，坚决不肯去医院，说自己80多岁了，不能再浪费钱治病。拖了几日，终于不治。

我很伤心，也不解。赵同学说，你们城里人有公费医疗，不知道农民的苦。在农村生了病看不起，是很寻常的。

这是我第一次深刻地认识到什么叫“城乡差别”。

或许，要放在比较长的岁月里观察，才能够理解上海建立“城乡居民统一基本医保制度”的历史意义。

我们常说，发展的成果要让全体人民共享，千万别忘了农民兄弟。其中，最重要的，是建立强有力的社会保障制度，这是确保社会公平的基础所在。打破城乡二元结构，统筹解决城乡居民保障问题，是一项极为重要的工作，应该成为政府工作的重中之重。

有强有力的社会保障托底，城乡居民才能安享幸福。是为至盼。

2016年10月26日

不必因噎废食

英国《每日邮报》的同行厉害，提前弄到了世卫组织的报告。但是，因为消息太劲爆，大家都沉浸于“不能吃肉”的慌乱中，无人在意谁抢发了消息。

世卫组织把加工肉制品作为“1 级致癌物”，等同于香烟，而且，还说连新鲜的红肉都致癌，当然引起一片惊呼，唯有个把烟民在那里幸灾乐祸。

对这样的消息，其实真没必要大惊小怪。不光是火腿、香肠，包括咸菜、咸鱼等腌制类食品也含有毒素，不宜多吃，早就是常识了。大家别忘了，“1 级致癌物”中，还有太阳辐射。难道我们不再晒太阳，并感谢雾霾遮阳？

再举个例子，同样有充分的证据表明，跑步、打球有引发心脏病的可能，并常见有人在运动时猝死的报道，难道，我们就不能运动了吗？

运动有益于健康，也有一定风险，只要适度，我们当然要提倡运动。同理，肉类有诸多人体所需营养，也有一些毒素，只要适度，我们当然不必谈肉色变。

说了半天，想到了“因噎废食”这个成语。其实，这四个字，胜过一切道理。

2015 年 10 月 27 日

美术的“洼地”

我的初中美术老师，是郑孝同先生。他是国画大师郑午昌先生之子，自己也是海派山水画名家。我常常向郑老师请益，有时也会将我们的活动发朋友圈。可是，有同班同学说，已经不记得他了。

若依重视程度，美术课无疑是各科之“洼地”，几近可有可无，学生忘了美术老师是谁，也不奇怪。

吊诡的是，美术却又成为一些学生的“救命稻草”——学习成绩差，便突击学画画，通过“艺考”上好大学。有培训机构打出了“保过”的招牌，他们说，无论是谁，素描啥的，都学得会。

于是，学不好数理化学画画，美术又成为高考的“洼地”。

我有很多学美术的朋友，他们的文化修养，是相当好的，对于这种怪状，也一样无奈。

蔡元培先生提倡美育，将之提到与德育、智育同等高度，是极有远见的。可惜的是，他的苦心，只是成为一些人的论文题目，实际上，并无人理会。

美术应该成为教育的高地，成为素质教育不可或缺的部分。现在，不妨先从不让美术成为高考“洼地”做起。

2015 年 11 月 16 日

实践的意义

先扯远一点,说说韩国的高考。

前几天,韩国高考,他们举国护考之种种,让自以为无比重视高考的中国人也瞠目结舌——公交车不鸣号只是小菜一碟,为了高考,他们竟然航班停飞、股市推迟!

扯这个,是想说,孩子升学是大事,中外皆然。于是,我首先想对中国的学生和家长为了报考美国名校所作出的所有合法努力表示理解,其中,也包括刷"社会实践"。

美国高校招生,不是一考定终身,不是唯分数论,他们当然不用为了考试停飞航班。中国的孩子重视社会实践,即使仅仅是为了进名校,总归也是好事。

但是,就像读书的意义并不仅仅是为了升学一样,社会实践的意义也绝不是为了留学。这个道理很简单的,不再多说。

我想提醒家长的是,不要低估人家的智商,花钱包装出来、批量生产的所谓实践经历,其实是不难识破的。反过来说,即使孩子没有做过什么大型活动的志愿者,只要在文书中用真实的故事和平实的文字,体现出自己的能力和素质,一样会获得名校的青睐。

2015 年 11 月 17 日

再说老有所学

今年 6 月，我在这里写过一篇《老有所学》，提到一位老领导退休后重学画画，画技精进。昨天晚上，与一位长辈聚会，他送我一方印章，这方满白印刻得工稳有致，颇见功力。长辈告诉我，他在老年大学遇到一位名师指点，所以自己感觉大有进步。

老有所学，是许多老人的共同期待。近来，常有老年大学一座难求的报道，这是为什么呢？除了老年人越来越多之外，还因为老年大学没有毕业之说，我的另一位长辈，是中科院的老专家，她在老年大学学书法，已经十几年了，从 60 多岁一直学到 80 岁，看起来，她还想一直学下去。

老有所学也是民生事业，对此，政府已经高度重视。上海市开展街镇老年学校标准化建设，颇见成效。与三年前相比，街镇老年学校的教室数和座位数有了明显增长，这就缓解了老欲学而座难求的矛盾。这是硬件建设，同时，也不能忽视软件——就是老师。把有特长的退休专家学者请到老年学校来当老师，恐怕是接下来要跟上的工作。

2015 年 11 月 20 日

与己方便

前一阵子，有人写文章说，中国人到日本去旅游，都买“马桶盖”回来，文章转发甚众。所谓“马桶盖”，其实是一种集加热、冲洗、干燥、杀菌为一体的卫生洁具，于是买回来。

确实，在我到过的国家里，日本公厕是最干净、最舒适的，哪怕是偏僻的乡间，也一样好。在那里，公厕配手纸，仿佛是天经地义的事。前几天是“世界厕所日”，大家都来讨论上海的公厕问题。确实，要论大楼林立、高架纵横，我们已不输给任何发达国家，但小小厕纸，却让人看出差距来。

在上海的大多数公厕提供免费厕纸，也许不算什么难事。难的是，确有不少人，实在是贪小，连厕纸也要往家拿。“一免费就浪费”，于是乎，过半公厕无厕纸。

就像不乱穿马路，既维护了交通秩序，也保护了自身安全，许多文明行为，都是与人方便，就与己方便。公厕配纸，是方便每一个人的。我们要享用这样的方便，首先就应该约束自己的贪小之心。

2015 年 11 月 21 日

单纯地玩

“中国孩子玩得太少了,要让他们多玩一玩。”

或许再过许多年之后,谈到孩子教育,都会提及习近平主席在英国说的这句话。

同样一句话,领导人说出来,分量就不同寻常,要重很多。近一段时间以来,许多人,特别是教育界人士都在讨论习主席的这句话。这是令人可喜的。不少老师和家长也在反思,我们应该做什么。

教育专家,总比我们寻常人看问题要专业、要深远。在今天本报报道中,许多业内人士都深刻地指出,让孩子多玩,意义重大,所谓“乐在其中,学在其中”,可以培养坚忍不拔的品质啦、培养观察能力啦、培养团队协作精神啦、培养规则意识啦等等。这些观点,相当正确,通过玩乐来培养孩子,是一种高级教育。我们的祖先,早就有“寓教于乐”的古训。

与此同时,我还想说,让孩子单纯地玩,不带任何功利目的,仅仅是为了开心,同样很好啊。爱玩是孩子的天性,上面说的那些道理,我们大人知道就可以了,对孩子们来说,让他们多玩一玩,就好。

2015 年 11 月 23 日

“晚报，可不能断了”

今天本报焦点版的故事，源于朋友圈。

陈晖发在朋友圈的文字，朴实无华，却感动了编辑部同仁，我们派记者赶到靖江采访，把这个来自读者的感人故事，回馈给读者。

“妈妈的晚报，可不能断了。”这是病重的爸爸的嘱托。打动我们的，既是读者对晚报的厚爱，也是这对平凡老夫妇的爱情。

“晚报是妈妈的‘半条命’。”——读者对晚报的感情，似海；

“不信晚报你信谁？”——读者对晚报的信任，如山。

“父母这一辈人，感情内敛，即使心里相互关心、惦记，也从不表露。”陈晖这么说爸爸妈妈。读者对晚报的爱，不也是这样吗？他们或许不会像新新人类一样“有了爱就大声说出来”“重要事情说三遍”。但是，他们爱得深沉、执着、恒久。

上周六，本报举行读者日活动，那天风雨交加，数千读者冒雨前来订报，最早的一位，凌晨3点就赶到现场……

有这么好的读者，面对呼啸而来的新媒体浪潮，我们依然要用尽心力，把报纸办好。

亲爱的读者，谢谢你们。晚报，不会断。

2015年11月25日

“1℃空间”

习近平主席着灰色风衣，飞抵巴黎。中国国家领导人第一次出席气候变化大会，举世瞩目。

习主席会见了法国总统奥朗德，这是两国元首本月第二次面对面商讨气候变化问题。中国越来越重视气候治理问题，全世界也期待中国拿出主张，发挥作用。

今天上午，在央视的报道中，英国气象专家彼得·斯多特提出了“1℃空间”的理念，他指出，从19世纪至今，地球已经升温1℃，升温2℃是地球可承载的极限，因此，我们只剩下1℃空间。另据报道，限制全球升温2℃，将再次成为本次大会的议题。

地球升温的极限，不管是1℃还是2℃，都表明气候治理刻不容缓。或许没有第二个议题能让全世界130多个国家的领导人共聚一堂。各国的分歧仍然存在，但与六年前令人失望的哥本哈根大会相比，本次会议极有希望形成具有法律约束力的协议。

深受雾霾之苦的中国人民，期望巴黎大会能取得突破性成果，形成全球共识，把气温上升、环境恶化这匹野马的笼头掌握在人民手中。

2015年11月30日

开发要谨慎

惭愧,我在上海生活了近半个世纪,也是读了俞亮鑫先生的报道,才知道大金山岛。

身为媒体从业人员,对于一些不为人知的所在,心里是很矛盾的。既希望通过报道,让这些地方受到大家的关心和重视;又担心报道发表后,游人蜂拥而至,反而不堪重负,并失了本色。这样的例子,还少吗?

今天,还能拥有大金山岛这样一块未开发的处女地,是上海的幸运。大金山岛遇到的生态危机,只要下决心,是完全有可能解决的。倒是人人都想得到的旅游开发,一定要谨慎。随着迪士尼乐园明年开园,上海的旅游业将迎来跨跃式发展,区区一个小岛的开发价值,不必挂念。倒是"最后一块净土"这个概念,要引起足够的重视,千万不要挣了小钱,失了净土。

即使要在大金山岛上开发旅游,也应该以生态保护为主题。让游客看一看,哪些植物,在上海其他地方已经绝迹了;让游客想一想,这是为什么?

当然,眼下的当务之急,是生态保护,是科学、系统地解决大金山岛的生态危机。

2015 年 12 月 1 日

知恩图报

在我当新民晚报编辑的这些年里，经手过不少寻人的稿件，其中，有不少读者是抱着感恩的心情，来寻找多年前帮助过他们的恩人。这些普通人之间的故事，一次次感动着、温暖着我们。

今天的寻人报道，正是这样一个知恩图报的故事。其实，为了实现父亲的心愿，唐芸已经在上海找了很多单位，可谓想尽了办法，最后，她希望通过媒体，找到 29 年前帮助过父亲的上海好心人。

关于知恩图报，古往今来有许多故事。有趣的是，故事的主角，常常是动物，丰子恺先生的《护生画集》里，就有不少。这样的故事，《伊索寓言》里也有。但令人深思的是，《伊索寓言》里那个"农夫和蛇"的恩将仇报的故事，更广为人知。这个故事告诉我们，帮助他人的时候要分清善恶，这当然是对的。但是，因为几起个案，就推而广之，引申出"老人倒地扶不扶"之问来，却并不见得高明。

一个正常的社会，知恩图报的，总应该是大多数，这样一种品德和行为，就像助人为乐一样，是值得我们褒扬并推广的。

2015 年 12 月 11 日

感谢黄妈妈

一年，合庆的水，清了。

在历史洪流中、在宏大叙事前，我们平民百姓常常会感叹人微言轻。但黄妈妈的故事和合庆镇的变迁告诉我们，我们市民人未必微，言也未必轻。

以合庆镇为突破口，上海市委、市政府今年下了大决心，启动全市多个区域的环境综合治理。正如冰冻三尺非一日之寒，合庆镇的环境问题是多年积累起来的，要解决，也是一个系统工程，难度不小。在市领导的督促下，在人大代表的关心下、在各个部门的共同努力下，从年初黄妈妈意见上人代会，到年底合庆镇大变样，黄妈妈心愿，终于一天天实现了。望着清清河水，黄妈妈或许会感谢德甄代表把她的心愿带到人代会上、会感谢为此付出努力的人们。今天，我们也应该郑重地向黄妈妈表示感谢。从某种意义上说，正是她关心自处的环境，并通过各种渠道向政府呼吁，促成市委、市政府拿出了整治环境的大手笔。黄妈妈的这种主人翁精神，值得每一位市民学习。

为了我们的城市和生活更美好，有意见就要大声说出来。

2015 年 12 月 18 日

新邻里时代

我住过几家合用厨房、卫生间的老房子，虽然水烧开了有三楼爷叔会叫、下雨了会有底楼阿婆收衣服，但毕竟空间逼仄，诸多不便。后来搬到所谓“独门独户”的单元公寓房后，觉得舒心自在，对邻居间不认识、不交往，也没觉得有什么不好。

但“独门独户”住久了，与邻居老死不相往来，难免又会怀念从前那种“远亲不如近邻”的岁月来。这，大概是很多上海人的通感吧？

随着老龄化程度的加深，如何构建新型的邻里关系，已经成为一个值得研究、需要解决的课题。塘桥街道“打开家门”的探索和实践，至少说明了一点——许多居民是渴望跟邻居之间建立彼此信任、交流互助的关系的。当然，把居民家当成睦邻点，也会带来一些问题甚至隐患，需要进一步观察、研究。我们也可以作进一步的探索，比如，能不能把互联网和智能手机作为居民交流的平台和纽带，等等。

“打开家门”，只是一种形式，其实质，是要构建新时代的邻里关系，把“家”扩为“家园”，在邻里间建立互信互助共同体。

2015 年 12 月 19 日

“马天民”职责回归

余生也晚，看《今天我休息》，已经是“文革”后重映。当时的社会环境，与拍片时的1959年相较，已发生了不小的变化，因此，片子中呈现出来的那种十分淳朴的社会风尚和人际关系，令人向往。“马天民”的形象深入人心，几十年来一直成为社区民警的代名词，这是影片的成功。

但是，既然是警察，当然不能只是助人为乐做好人好事。警察的天职，是维护治安。因此，长宁公安分局把社区警务机制的改革称为是职责的回归，我以为，说得很对。

现在，距《今天我休息》重映又过了几十年，全市各个社区人口结构的复杂程度，大大增加，这是其一。其二，现在的市民对于社区民警的期盼，恐怕不只是希望他们当“马天民”，而是更期盼他们把小区管理得更安全。因此，长宁的改革也是顺应民意的。

正因为复杂程度加大，民警职责的回归，说说容易做起来难，既需要转换思路，更需要探索创新。我们希望长宁公安分局走出一条社区治理的全新道路来，推而广之，提升上海市民的安全感、幸福感。

2015年12月25日

微三百——2016

想得更周到一些

看病难，难在何处？一大症结，恐怕是挂号难、排队长。今天，“互联网+”让人看到了一点解决问题的希望——儿童医院说，开通微信挂号、自助服务之后，平均每位用户在医院逗留时间缩短1.34小时。

看到这里，我哑然失笑——医院也把病人称为“用户”了，真是互联网精神无远弗届——因为我等办报纸的，这些年一直被教育说，新媒体时代，要把读者当“用户”。

无论如何，我们要欢迎这样的进步。欢迎之余，我们又自然而然地想到了站在寒风里打不到出租车的老人们——移动医疗时代的脚步，是不是也该等一等步履蹒跚的老人？

一方面，我们希望每一位老人融入互联网生活，更希望老人的子女帮助父母适应新时代。在我身边，有越来越多的年逾古稀的老年朋友玩起了微信，就是很好的消息。但是，各家医院在大力推行“移动医疗”服务时，也要想得更周到一些，把方案做得更科学一些，多想一想不会上网、不会用智能手机的老人们。他们虽然不是“用户”，但也是病人啊！

2016 年 1 月 4 日

养老靠制度

挪威，460 万；克罗地亚，450 万；新西兰，420 万；乌拉圭，350 万……这是上述各国的人口总数。可是，在我们小小一个上海市，户籍老年人口已逾 400 万，两年以后，这个数字将变成 500 万。

什么叫"深度老龄化"，老龄社会问题严重到什么程度，这些数字很能说明问题。养老靠什么？从讲究孝道的传统看，当然是靠子女。子女是赡养父母的第一责任人，这一条永远不会变。但是，由于人均寿命的提高、独生子女政策的实施、失子空巢家庭的增多，情况要复杂得多。于是，前些年提出了"社会养老"的概念，增加养老床位，成为近年来长抓不懈的政府实事。

市老年人权益保障条例的草案在本次市人代会上审议并引发热议，条例的拟订，是在探索养老照护的制度保障。所谓"养老靠制度"，是简单的说法，制度解决什么问题？一句话，是托底。也就是说，要制订详尽的制度，来解决独居老人、失能老人等困难群体的养老难题，从而做到让每一位老人老有所依。

因此，此次审议意义深远。

2016 年 1 月 29 日

拆违令下无特殊

我的一位老师，住在近郊别墅区。前几年，我登门看望他，大开眼界。开眼界的，不是老师家里，而是家外——在那个小区，违法搭建触目皆是，他的邻居，几乎把房子推掉重建了。老师说，这里的业主，非富即贵，他们这么干，没人敢管。

拆违难，难在何处？因为是在人家家里“动土”，难免投鼠忌器；与此同时，确实有许多违法搭建的主人是“有背景”的，因此难上加难。

“党员干部不带头拆除自家的违法建筑，怎么能让老百姓信服？”这个问题问得好；拆违“没有差别没有例外没有特殊”，这个决心下得好。花了钱、花了心血搭建出来的东西，要拆掉，谁都不情愿不舍得。但如果党员干部带头拆，而且向社会公示接受群众监督，那么，其他人的工作，就会好做得多。闵行区这么抓，抓到了关键。

把三年的环境综合整治计划提速到一年，要求今年 9 月底基本完成。闵行区如此自我加压，党员干部不带头，恐怕是做不到的。

前不久，又去看望老师，他家邻居的违法搭建，也拆掉了。

2016 年 2 月 2 日

监管跟得上吗?

明天除夕,有一件事的参与度或许会超过收看央视春晚,那就是抢红包。

在手机上发红包抢红包,可不仅仅是人与人之间的互动,许许多多的企业甚至政府机关都参与其中,其背后,是互联网金融平台争夺用户的比拼。

互联网金融,这几年蓬勃发展,势不可挡,却并非抢红包这么简单好玩,而是乱象丛生。e租宝已被定性为非法集资,算是典型案例。而一些P2P平台,在坑害投资人的同时,也做出许多奇葩举动。三天前,山东一家P2P网贷平台发布公告说,老板被火化了。

如此乱象之下,呼唤监管的声音越来越响。就好比先有马路后有汽车然后出台交规,同样是先有互联网后有P2P等新生事物然后有监管。监管滞后,也算是"自然规律"。即使在西方发达国家,恐怕也没有完善的监管制度。

但是,互联网金融发展到今天这一步,监管必须跟上,已经刻不容缓了。立即制定"准入机制",是当务之急。银行不是人人想办就办,互联网金融平台,也必须有高门槛严要求才是。

2016年2月6日

宁静的光荣与代价

除夕、初五，上海，宁静……

“真的一声炮仗也没听到哎。”突然间，春节如此宁静，让人欢喜，也多少有些意外。准确地说，应该是丙申春节“上海外环以内基本无燃放”。从讨论、立法，到宣传、实施，这一次上海禁放烟花爆竹新政实施得如此顺利，确实是我们这座城市的光荣。有人说，这是“喜爱上海的新理由”，我完全同意。

这次禁放，也有人付出了代价。节前的大量宣传疏导工作之外，在除夕和初四两夜，上海公安干警和消防官兵作出了艰苦努力，更有 30 万平安志愿者通宵达旦地巡查和守护。为了城市的安宁，他们放弃了与家人的欢聚和自己的睡眠。

当然，光荣还属于上海市民。这么大的城，这么多的人，如果有人执意要放，志愿者再增一倍也拦不住的。几乎一声鞭炮也无，靠的是全体市民的环保意识、法治素养和公民素质。

一个宁静的春节过去了，这个话题还可以深入讨论下去。我想，明年春节，我们是不是不用这么兴师动众，仍然可以安享宁静。

2016 年 2 月 14 日

文化“供给侧”

朋友倪捷，在上图分管讲座工作。大年初六，她发了一条朋友圈，说“感谢三位嘉宾陪我们一起加班，与上千听众共同度过三个美好的下午”。

我们做媒体的，节日加班倒也是常事。倪捷这条微信令我大为感慨的是，三场讲座极为火爆，连地上都坐满了听众。

今天本报的报道显示，讲座火爆，非上图专美，上博讲座的网上预约，也被“秒杀”。春节讲座爆满，除了让人赞赏上海市民文化素养高之外，也反映出这样的文化大餐供不应求。

我们政府重要职能之一，就是满足人民群众日益增长的文化需求。现在既然供不应求了，就应该加强供给。套用经济学的新术语，文化服务也需要“供给侧改革”。

上海的文化场馆建设，成就很大。春节里，我慕名去嘉定图书馆新馆参观，此馆曾被美国权威设计杂志评为“全球最佳公共图书馆”。从硬件看，完全是世界顶级水准。如果把市、区、街道三级的文化场馆都利用起来，那是相当可观的。

改善文化“供给侧”，大有文章可做。

2016 年 2 月 15 日

平凡的美

同事沈月明，将会永远记得丙申年春节。当他在自己仅有 22 个粉丝、只发了两篇文章的“小号”上面，发表那篇老相册网文时，绝对没有想到会引起这么大的轰动。

沈月明称相册的主人为“无名女神”，是从了微信起标题的法则，有吸引眼球的考虑。但事实上，这位女子的美，完全不输给娱乐版头条上的所谓“女神”。现在，相册主人找到了，果然如大家猜测的那样，她叫李伟华，是一位平凡的上海女子。

为什么这个帖子火爆至此？是因为这样平凡的美，才是最动人的美。

李伟华一生平凡，但却善良，有大爱，值得我们去尊敬。凡人的美德，和平凡的美一样，深深地打动着我们。

在网络时代，娱乐明星在微博上说一句“我睡醒了”，都会引发万众欢腾。这些在明星微博下评论、点赞、转发的年轻人，有没有心思去翻翻家里的老相册呢？

去翻翻老相册吧，你们会发现，身边唠叨个没完的奶奶、外婆，年轻时是那么美丽；进而还会发现，她们的唠叨、叮咛里，有生活的至理、传统的美德。

2016 年 2 月 16 日

梳理和传承

三天前,在《平凡的美》一文的结尾,我建议年轻人去翻翻家里的老相册,去发现长辈的美,进而发现他们的美德。

今天本报的焦点报道说,李伟华的老相册引发了一股晒家族老照片的热潮。这股热潮倒并不表明我的小文章有多么大的号召力,而是显示出李伟华那一代上海市民身上的美,引发了年轻人的追捧和思考。有朋友给我留言说,相比李伟华,现在千篇一律的“网红脸”一点也不好看。

大家追捧老照片,当然是一种怀旧。但是,不能仅仅止于怀旧,更应该做的事是梳理和传承。

我们都知道,李伟华一生所经历的岁月,有战争、有动乱,充满了动荡和艰辛,但是,她却能保持从容、优雅、善良、谦和,这是怎样一种精神内在?这样想一想,是不是更要反思当今社会为什么充满戾气。

那么多老照片,是一个大宝库,他们既是研究过往岁月的一手史料,更是宝贵的精神财富。我们要通过认真梳理,更深切地了解我们的长辈身上的美德和优良家风,从而把这些美德和家风一代一代传承下去。

2016 年 2 月 19 日

为有源头活水来

30 多年前，我读初中。新来一位语文老师，叫孙静秋。第一课，孙老师在黑板上写了一首诗：“半亩方塘一鉴开，天光云影共徘徊。问渠哪得清如许？为有源头活水来。”为什么要写这首诗，这首诗表达了什么含意，孙老师没说。这首诗似刀刻一般，留在我的记忆里，在我漫长的人生岁月里，不时跳将出来，开示我。

朱熹这首诗，说的是读书做学问的道理，但即使仅从字面原意理解，也并不算错。今天“新民观察”讨论的，是治理水环境的问题，重温一下这首诗，很有必要。

治水，是民生工程，也是“补短板”工程，投入人力物力，都是必须的。但是，力气要用对地方，问题要找到根子。比如，疏浚了河道，排污不止，比如，打捞了垃圾，死水一潭，都不免步入“治了清，清了又黑，黑了再治”的怪圈，即所谓治标不治本是也。所以，只做表面文章，应付上面检查，只扫自家门前雪等做法，都必须纠正。

治理水环境，就要从源头抓起，才能让水活起来、让水清下去。

2016 年 2 月 21 日

大考之后

元宵节一过，不仅标志着丙申春节落幕，也宣告上海禁燃首战告捷。

从除夕、初五，到元宵，这半个月，像一场大考，上海的禁燃，几乎可以打满分。所谓“重要的事要说三遍”——春节后上班第一周，市委书记韩正在三个不同主题的会议上，提到了“基本零燃放”这同一件事。他一再说：“发自内心地向全市人民表示感谢，向全市广大公安民警、消防战士和 30 万志愿者表示敬意！”

这一仗打得如此漂亮，每一位上海市民都有理由为自己、为上海点赞。可以说，这是上海创新社会治理的一个成功范例。

大考得高分，并不意味着大功告成，而是要回归日常做好每一天的功课。从 15 天到 365 天，我们不能依赖民警、消防战士天天加班，靠志愿者日日值夜，我们要靠长效机制。一要控住源头，不让烟花爆竹进外环以内；二要严格执法，平日里燃放烟花爆竹，大抵上是红白喜事加上开张乔迁之类，因而也是“有迹可循”的。只要做好这两条，就能让春节的宁静祥和延续到每一天。

2016 年 2 月 23 日

投诉的“新意”

不管是公布“投诉十大案例”的消保委，还是报道它们的新闻记者，总要在年复一年的“十大”中，找出新意来。于此，既是工作上的需要，更是现实的客观反映。

比如说，今年的“十大案例”，就有半数与“互联网+”有关。“互联网+”在去年还是个新名词，今年就在消费者投诉里占了大头，确实是挺让人感叹的。

仔细想想，这也不奇怪——在新业态层出不穷的互联网领域，监管跟不上，似乎是常态，也因此，消费者投诉的热点，会集中在此。面对日新月异的消费市场，监管瞠乎其后，这当然不可避免。但是，这并不等于说，面对新的矛盾和问题，监管部门可以心安理得地视而不见，不作为。你落在后面不要紧，但要紧紧跟上。对于新问题、新现象，既要有敏锐的触角，去发现它们，也要有强硬的铁腕，去解决它们。

当有商家熟练运用“互联网+”来挣钱甚至行骗时，监管部门也要立在“互联网+”的潮头，运用新的武器，当好市场的守望者，消费者的保护神。

2016年3月11日

宜细不宜粗

老年，又称暮年，常以夕阳喻之。不过，养老服务倒真是一项“朝阳产业”，有着诱人的市场前景。

一边是新养老机构和新养老方式层出不穷，一边是令人中意的养老院一床难求。不管是养老院，还是居家养老的上门服务，都有点粗放型经营的意思。我的长辈中，既有住进养老院的，也有请人住家护理的，给我的感觉是，要遇到一位令人满意的专业护理人员，颇有一点买彩票的意思，要碰运气。

因此，我很认同林拓教授的观点，我们需要制定养老服务的“国家标准”。制定养老服务标准，既要参考发达国家的经验，更要认真研究我们的国情。这个标准，宜细不宜粗，要把各类养老服务的细枝末节弄清、弄透。有了这样细致的标准，一方面，可以成为各级养老服务机构的“操作指南”，另一方面，也可以让需要养老服务的人民群众有一本“明白账”。

什么样的房子、汽车、食品，才是合格的？全靠精细的标准来判定。什么样的养老服务才是合格的？道理是一样的。

2016 年 3 月 19 日

永远在路上

我喜欢利用假日去很远的地方。有一年国庆日，沿著名的中巴友谊公路，走到了红吉拉普口岸。公路全线地质情况极为复杂，雪崩、滑坡、落石、塌方经常发生。一路上不断看到工人在抢修，也多次走便道、下河床。司机说，这条公路，永远在维修中。

扯那么远，其实是想说我们上海的拥堵。一个常住人口逾2000万的特大都市，道路拥堵也是永恒的难题。权威部门说，去年的拥堵进一步加剧，今年的交通供需矛盾将进一步突出。

这两个“进一步”显示，虽然我们曾经付出了努力，也取得了不小的成绩。但是，治理拥堵，永远在路上。韩正书记强调，要拿出强有力的举措，落实最严厉的整治行动，补好上海交通管理中的短板。

仅举一例：中心城市违法停车现象已大有好转，但是在一些居民稠密的偏远地区，不宽的马路两边，几乎停满了车。这样的路段，怎么畅得起来？

交通管理补短板，事关我们每一位市民，只有人人遵法守序，整治拥堵才有可能事半功倍，收到实效。

2016 年 3 月 21 日

乱鸣号也是一种污染

今年春节,上海禁燃烟花爆竹大获成功。由此,我们应该知晓一个常识——噪声也是一种环境污染,也会影响人们的身心健康。

一般认为,40 分贝是人类正常的环境声音,超过了,就会引起各种不适。如果你到乱鸣号集中的路段测一测,得到的结果会吓你一跳。因此,粗看起来,十种"突出违法行为"中,乱鸣号对交通安全的"危害指数"最小,但是,它其实是一种环境污染,必须整治。

大约 20 年前,厦门成为全国首个发布"禁鸣令"的城市。当年,我去厦门采访,出机场坐出租,就好奇一声鸣号也听不见。司机说,为了防止"手痒"鸣号被罚,他和一些司机朋友都把喇叭线剪了,想按也按不响。我问,那有特殊情况怎么办? 司机答,踩刹车啊。看起来,加大执法力度,是有威慑力的。

当然,我并不赞成剪喇叭线。去年又听说,因交通拥堵,厦门乱鸣号有所回潮。我们既要思考厦门当年为什么能做到全城禁鸣,也要明白,整治交通违法行为,不可能一蹴而就。

2016 年 3 月 28 日

想起了专车

“在线辅导”争议一出，我立刻想起了专车。

专车一出来，就立刻有了“黑车”的嫌疑，马上有人说要禁止。但是，喜欢的人照样追捧，开专车的司机，也越来越多。专车有没有问题？有。是不是一禁了之就天下太平了？当然不是。所幸，管理部门头脑清醒宽容以待，专车纳入规范管理，也渐有眉目。专车有一大前所未有优点——可以依托互联网优化配置汽车资源。仅此一条，就符合创新、协调、绿色、开放、共享的发展理念。

回过头来说很像专车的“在线辅导”。这个新生事物一出来，也有管理部门说要禁，幸好，教育部的态度是开明的。“在线辅导”当然有利有弊，大家担心得最多的一个弊端，是一旦网上的收入远远高于本职工作，教师难免会分心。那么好处呢？显然是优质教育资源共享。老少边穷地区的孩子，可以花极少的费用，聆听一线城市名师的授课。这个，同样符合五大理念。

“在线辅导”肯定需要纳入管理，但怎么管，要谋定而动。一禁了之，不足取。

2016 年 4 月 9 日

浪漫与现实

夜深，万籁俱寂，空空的商业街上，书店的灯还亮着、门还开着。这是非常温暖的都市景观。夜深，进书店翻翻书、喝喝咖啡，也是一件颇为浪漫的事。每次去台北，我都会在后半夜去书店，感受这温暖而浪漫的气息。

我们上海，也有这样一家通宵经营的书店，叫大众书局。对于坚持开书店的，我都心存敬意，对于坚持通宵开门的书店，我的敬重，又增一分。可是，这个近在身边的浪漫所在，我却一次也没去过。因为，这样一份浪漫，总是被乌糟的现实弄得很不堪——书店竟成为流浪汉的卧榻，实在是有点焚琴煮鹤的意思了。

于是，大众书局的经营者不断地施招，但流浪汉见招拆招，竟然购卡当上了书店的“会员”，可以堂而皇之地来睡了，实在是有点黑色幽默的意思了。

我以为，大众书局有必要思考如何面对这样令人无奈的现实，想一想有没有必要坚持通宵经营。比如说，到凌晨两点打烊，既满足了一些书迷晚上泡书店的需求，又能让来“蹭睡”的人另寻出路，是不是也挺好？

2016 年 4 月 14 日

仅凭良心是不够的

就好像“焦不离孟孟不离焦”，对于绝大多数老年人来说，医养也是分不开的。说“绝大多数”，是因为天下这么大、中国人这么多，一辈子不看病不吃药最后无疾而终的有福之人，总归会有的。但是绝大多数的老人，特别是到高龄老人，难免要跟医药打交道。我们所说的老有所养，应该包括让老人享用便利而专业的医疗服务。于是，医养结合是一个很好的方向。

通过政府购买服务的方式，众仁老年公寓和岳阳医院合作，成立了众仁岳阳医疗保健服务中心，这里的老人享受到的“医疗、康复、护理、养老”四位一体服务，令人羡慕。但是，这样的新生事物，运转一段时间之后，问题也会随之暴露——经费短缺、人员不足、床位紧张等等。

医养结合的工作是“良心活”没错，但是，要让这份事业可持续发展，仅凭良心，恐怕是不够的。对此，一是希望政府部门通过种种政策倾斜，倡导之、扶持之；二是希望有识之士看到这个产业广阔的市场前景，参与之、投入之。

2016 年 4 月 16 日

如何做到“第一”？

“科学技术是第一生产力”，小平同志的这一论断，早已成为共识。一年一度隆重表彰杰出科技家，也已成为从国家到地方的制度性安排。

今年，上海获大奖的是金亚秋、丁文江二位科学家。当“自然介质层极化电磁散射理论与合成孔径雷达遥感成像理论”“稀土镁合金”“镁基能源材料”等等尖端甚至艰深的名词，出现在大众传媒之上，本身就是一种象征、一种科普。

我们应该如何做到让科技荣享“第一”的至尊地位呢？重奖科学家，当然是一种价值的彰显、引领。除此之外，我们还有很多工作要做。比如说，怎样让大众特别是青少年知晓这些科学家的事迹？怎样让科学家成为大众的偶像？怎样在全市范围营造学科学、爱科学的氛围？怎样让越来越多的有志青年投身于科研？怎样培养和吸引国内外一流科技人才参与到上海的科创中心建设中来？怎样让更多的科研成果运用于民生领域？

科技是第一生产力，不只是一个判断、一句口号，更应该付诸实践，从而造福社会、惠及民生。

2016 年 4 月 19 日

纸质书的明天

iPad、kindle、汉王……我家都有。可是，我就是没办法看电子书，捧着个阅读器看书，那真是浑身不舒服。于是，我出门，必带书。最夸张的一次，是到美洲去度长假，拖了 20 本书去，当然，还得拖回来。书有多重啊，想想真是可笑极了。

原以为，只有我这样的老古董，才会做纸本时代的“遗老”。而年轻人，大多会义无反顾地拥抱数字时代。但是，在我的身边，爱读纸质书的 80 后、90 后并不少。上海交大的一份报告也佐证了这一点。

总有人用纸质书替代竹简的历史，来说明纸质书终将被阅读器淘汰。我以为，相对于笨重无比的竹简，纸质书有无与伦比的优势，因此，随着造纸和印刷术的成熟，竹简作为“书”的使命，就彻底结束了。但在可以预计的明天，纸质书将会与阅读器长期并存。毕竟，纸页的质感、油墨的微香、一卷在手的惬意，阅读器并不能取而代之。当然，只要读书就好，载体完全可以自由选择。

纸质书还会有明天，我坚信不疑。至于后天会如何，到了明天再说不迟。

2016 年 4 月 22 日

关键是公交优先

这一段时间以来的交通大整治，给每个上海人留下了深刻印象。有没有效果呢？当然有。交通有没有变得通畅呢？对此，倒是每个人的感观不一样。有人说，高架上明显空了，这大概是限行措施发挥了作用；也有人说，警察在那里查牌照，反而更堵了，这个可能性也不是没有；更多的人说，似乎跟原来差不多，该堵的地方，照样堵。

这里必须要重申一个常识，交通大整治，治理的是交通秩序。秩序好了，当然对缓解拥堵有好处，但起不到根本作用。一个城市堵不堵，其实就看汽车保有量和道路总量的比例是不是合理。治理拥堵的根本之道是公交优先。

做到公交优先，要多管齐下：一则要让公交专用道更通畅、让地铁更快捷；二则要提升小汽车出行的成本；三则要减少公务用车；四则要严控一人一车，鼓励拼车。

这几条都做到了，路上的车就会少；路上的车少了，拥堵自然也就少了。

2016 年 4 月 23 日

千万不要害了孩子

连“成长记录册”都成了网上叫卖的商品，真是令人眼界大开。一般而言，买卖就如硬币之两面，有人卖，就有人买。

叫卖“成长记录册”的不法行为，应该由执法部门去查处，且不去说它。我只想跟买方，也就是个别学生家长说几句话。

我知道，你们这种行为，又是所谓“都是为了孩子好”。但是，这番“良苦用心”，最终会害了孩子。

你们买了假册，为了防止孩子在面试时说漏嘴穿帮，必须让孩子知晓甚至牢记假册上的“光辉业绩”，这不是等于在对孩子进行“说谎造假培训”吗？难道你希望孩子成为一个诚信全无的人？

有的家长可能认为，只要能混进好学校，让孩子说一次谎无所谓。但是，学校要了解孩子的真实情况，实在是太方便了，你怎么知道学校不会去查？入学前查，你白白造假；入学后查，孩子很可能被退学，后果更是不堪设想啊。

因此，无论是为了孩子成长的长远利益，还是从规避风险的现实考量，买假的“成长记录册”都是极蠢的行为，千万不要害了孩子。

2016年4月25日

关键是要公平

前几天，翻抽屉找到一封 1984 年 5 月 30 日复旦大学新闻系给我的回信，那时，我读高三。我把信贴在了朋友圈，引起了不少朋友的点赞和议论。

信中，有一句话引起了大家的注意——“新闻系过去确有个别运动尖子进入，但只是个别，而不是较多，今年还不知有无。”有朋友误以为我是那“运动尖子”，其实不然，我是担心宝贵的名额被运动尖子挤占，故有此问。当年，在我的高中和大学的同班同学中，都有凭运动成绩考进复旦的。当然，确实“只是个别”。

从这封信可以看出，不满 18 岁的我，就已关注到运动尖子招生的公平问题了。

大学里招收运动尖子入学，是中外通行的做法。但是，由于多发的腐败案件和普遍的公平焦虑，现在似乎要一刀切、一风吹了。如果真是这样，是甚为可惜的。我们希望，不要这样因噎废食。高校招体育特长生，是光明正大的事，但关键是要公开、公平、公正。

2016 年 4 月 30 日

向民办学校取经

这一边，是孩子们排着队接受民办学校的面谈，千方百计想进去读书；那一边，因为“魏则西事件”，以“莆田系”为代表的民营医院，被万千网民声讨。同样是重要的民生领域，民办学校和民营医院的口碑，判若云泥。

简单地作比较毫无意义，但是，二者最大的共同点是——国家明确鼓励社会资本参与办医办学，既作为公办学校和公立医院的补充，又希望通过竞争，促进教育和卫生的体制改革。从这个意义上说，民营医院应该有更大的发展空间。

民营医院要摆脱污名、凤凰涅槃，并不容易，需要有自我否定的精神。尽管是两个领域，但不妨向民办学校学习取经。最重要的一条，是不能把挣钱作为第一目标，要有点事业心，要恪守医务工作者的职业道德。民办学校为什么能吸引人？首先，当然是教学水平高；其次，也很少听到民办学校恶形恶状挣黑钱的事。一句话，人家是正儿八经在办教育事业。

提升服务水平、规范经营模式，做到了这两条，民营医院就有未来。

2016 年 5 月 7 日

其实很简单

有些事情，看起来很复杂，但其实很简单。

企业想要出名，难吗？其实很简单。找一个女明星，扯着嗓子叫企业名字就可以了。“58 同城”这个网站，就是这样喊出名的——我就是在电视、公交、地铁里被叫烦了，也就知道它了。

要骗人钱财，难吗？其实很简单。只要在“58 同城”上贴个招聘广告就可以了。

要上“58 同城”发布消息，难吗？其实很简单。我们记者随手就将不实信息发了上去，被挤到后面，付 8 元刷新费，又会回到首页……

互联网人人会用，包括骗子。于是，防范、打击骗子的任务，就自然而然地落到了网站经营者的头上。正如“百度”上的竞价排名、“饿了么”上的“黑暗料理”被人诟病，“58 同城”上藏污纳垢、招聘信息混乱，网站难辞其咎。

要完全不让骗子钻空子，的确不容易。但是，网站严守关口，难吗？其实很简单。关键看你想不想做。一则，事先要严格审核；二则，事后要加强监管。做到了这两条，“新粤洲”骗局重复上演的事，就不会发生了。

2016 年 5 月 9 日

进得来，出得去

在新闻热点“各领风骚三五天”的当下，那些被万人声讨的对象，没准会有“棺材店老板心态”，期盼别的地方、领域快快“出大事”。从魏则西到雷洋的聚点转换，便是一例。但是，一个负责任的政府以及媒体，似乎不应该这么容易漂移，对那些损害了公共利益的单位和个人，就应该不依不饶，追究到底。

从这个意义上说，我很赞赏浦东新区卫计委的表态——下一步将强化民营医院的退出机制。

从国家政策层面上看，是鼓励开办民营医院的。如果民营医院医生业务水平高，再加上病人少、环境好，即使收费贵一些，恐怕也是会吸引一部分人前去就诊的。政府支持，也是应该的。但是，如果它行为不端，甚至为非作歹，那就应该依法依规惩处。

本来，开办民营医院，就应该有一定的门槛。条件完全符合了，就可以办。进了门，就要守规矩。如果老是乱来，而且屡教不改，那就对不起了，不妨扫地出门。这也是政府部门的责任。

“进得来，出得去”，任何一个健康的业态，都应如此。

2016 年 5 月 13 日

讲道理

霍兰公寓遇到的老电梯问题,是具有相当的普遍性的。因为,我们上海于 20 世纪 90 年代造的高层住宅,都要面临各种设备的维修和更新问题。

说到老公寓、老公房的修(装)电梯问题、涨物业费问题,似乎人人都有畏难情绪。畏什么难呢?不少人认为居民都是铁公鸡,要他们掏钱,比登天还难。

真的是这样吗?我看未必,问题的症结,在于三个字——讲道理。

首先,要相信居民们都是讲道理的。类似于更换电梯这种事,归根到底是为了居民好,居民们不会听不进道理,该出的钱,他们自然愿意出。

其次,要学会向居民讲道理。霍兰公寓的电梯问题,最终得以圆满解决,业委会的王连华主任立下了大功。她挨家挨户上门收款的故事,要是写下来,会是另一篇精彩报道。王主任把道理跟居民讲通了,钱自然就收上来了。

从社会治理到社区自治,都是大课题。但再大的课题,最终都会落实到一个个具体的问题上来,耐心细致地把这些问题解决好,社会治理的大文章也就写得好了。

2016 年 5 月 14 日

阿里的尴尬

刚刚高调宣布加入“国际反假联盟”一个月，阿里就被暂停了会员资格，真的好尴尬。

Gucci、Tiffany 这两个中国人都很熟悉的品牌，对阿里的加入，反应最为激烈。别看都是国际大公司，吵闹起来，跟幼儿园孩子似的——“不许你带他玩，你要带他玩，我就不跟你玩了。”

关于这件事的缘由，大抵有两种分析：其一，说阿里巴巴是假货集散地，人家大牌不想与它为伍。其二，说这其实是源于传统奢侈品牌与电商的矛盾。绝大多数的奢侈品牌，都想死守店铺销售的模式，对于电商，天然排斥。

我以为，这两种分析都有道理。我倒比较赞赏阿里的态度——“这不会影响我们既有的关系和共同合作项目，我们坚信阿里巴巴作为全球最大电商平台，是全球范围内面对和解决这一问题的重要组成。”

这个态度里，虽然不无“我是老大，你要打假你离不开我”的傲娇，但坚持打假的决心，总是值得称道的。

作为普通消费者，我们要关心的，应该不是那些奢侈品牌的态度，而是阿里打假，是不是言行一致。

2016 年 5 月 16 日

压断中环

一起没有人员伤亡的交通事故，从凌晨到中午，在社交媒体上刷屏炸锅。为什么？因为一辆超载货车把中环压断了。

没有人员伤亡，高架没有垮塌，是值得庆幸的。现在要做的，首先当然是抢修，争取尽快恢复交通。看这架势，非十天半个月不可。

其次，是算账。这起事故损失有多大？明的容易统计，抢修的人力物力支出，数目不会小，待完工，不妨向社会公布一下；暗的损失，恐怕更大。有难以计数的人次、车次要因此绕行，出行的时间和经济支出大大增加，也不妨估一估。

算账，是为了问责。货车超载，是常事，货车上高架，算偶发。超载和上高架，都是违法行为，司机和所在企业不可能不知道。那为什么明知故犯？无非是他们认为，即使被警察抓到，扣分罚款，也没什么了不起——就是我们常说的“违法成本太低”——就是屡禁不止的缘由——就是这起事故的内因。

正值交通违法大整治，希望抓住这起典型案例，加大对货车违法行为的执法、处罚力度，杜绝此类事故再次发生。

2016 年 5 月 23 日

两点希望

对于经济条件有限，但是对晚年生活品质有追求，甚至对还有“周游世界”之类的梦想的老年朋友来说，“以房养老”真的是一个极好的选择。

“房子代代相传”的观念，在中国已经传了千百年，可以说根深蒂固，要让老人家作出“以房养老”的决策，并不容易。所以，雷声大，雨点小。这也正常，没什么好急的。我相信，人的观念总是会慢慢改变的，接受这一方式的老人，会渐渐多起来。上海老人基数庞大，哪怕只是千分之一，绝对数也不小。

关于“以房养老”，我想提两点希望：

其一，希望相关的金融保险机构，在设计“以房养老”产品时，少动点挣钱的脑筋，多为老人家着想，多一点善意，把细节考虑得周全一点，尽可能解除老人的后顾之忧。

其二，选择这种方式养老的，多半是无子女的老人。但是，如果有子女的老人也有这个想法呢？希望老人的子女要开通、要支持，要多为父母的晚年幸福着想，要继续孝敬父母。

每个人都有支配自己财产的权利，“以房养老”，有什么不好呢？

2016 年 5 月 28 日

打破怪圈

近来,货车闯祸之多,令人发指。

中环事件之后,呼吁警方对货车违法行为严查严罚的声音日隆。这样的呼吁很对。不过,查处违法,毕竟是末端了。举一个例子:在路口,行人闯红灯,自然可以查、可以罚,但如果每个路口都有很多人闯红灯,那警察就管不过来了。怎么办?还是要提高行人的素养,养成遵守交法的习惯。

货车行业,似乎形成了一个怪圈:跑运输的,如果不超载、不超速、不乱开,就挣不到钱。真的是这样吗?仍然举例说明,比如一个卖菜的说,不缺斤短两,就要亏本,那么,他就可以六两卖一斤吗?当然不可以。这就需要菜场加强管理,如果大多数摊贩都秤准量足,缺斤短两的,自然就混不下去了。

因此,整治货车违法,就是要打破"不违法不挣钱"的怪圈,要提升全行业的从业水准和守法意识,政府要通过相关政策培育、扶持标杆企业、龙头企业,提升行业准入标准,清理门户,把"劣币"一点一点驱逐出去。

一旦货车违法,从普遍而个别,交警管起来,就方便多了。

2016 年 6 月 4 日

祝福考生

外甥女小彦,今天高考。昨晚,我在微信里写了几句话给她:“高考,于我就是凤凰涅槃的一个仪式,我凝神、我郑重,走完这个仪式。高考之后,一定是无比广阔的天和地。你也郑重地把这个仪式走完吧,不疾不徐,不慌不忙。从容、淡然地迎接未来,是你们的气度,也是你们的幸运。祝顺利!”

写高考寄语,很难。话说重了,徒增负担;说轻了,又太假。小彦的表姐小天评论说:“舅舅你若是在我高考前写这一段话我就能进交大了!”好吧,看起来我写得不错,那么,我把这段给亲人的话赠给每一名考生。

关于高考,我们不必把有些玩笑太当真。比如婴儿出生,家里挂牌——“距离高考还有 6500 天”。焦虑到这个地步的人,应该是没有的。但是,看看幼升小、小升初的拼抢,家长的焦虑,又是实实在在的。要去除对高考的过分焦虑,关键在家长、在社会。

高考又是如此重要,因此也要充分尊重每个考生和家长为之付出的努力和心血。

祝福每一位考生,未来属于你们。

2016 年 6 月 7 日

历史的选择

1921 年夏天，同盟会员李书城和妻子薛文淑一起整理房间，支持弟弟李汉俊邀请全国各地共产主义小组的代表来家里开会。李书城一定不会想到，这个会，改变了中国的命运；他的家，成为红色中国的起点。1949 年 10 月，李书城出任新中国首任农业部长。

28 年，在历史长河，只是一瞬，但是，这 28 年的中国，却波澜壮阔、天翻地覆。中国共产党，更是从一个只有几十名党员的小组织，变成东方大国的执政党。新中国成立后，执政党寻找红色发祥地，几经曲折，终于确定了一大会址。

对待历史，要严谨、要讲证据，60 多年前，凭什么确定如今在时尚之地新天地的这排石库门房子是红色中国的起点呢？今天发布的红色档案，第一次向公众展示了当年考证、勘察、确认一大会址的经过。这组珍贵的档案说明，这项工作是严谨、细致的，是有多重证据互证的，是经得起历史检验的。

上海成为红色中国的起点，是历史的选择，有历史的必然。我们追溯历史、缅怀先人，是为了走向未来。

2016 年 6 月 8 日

“英雄”本色

说件或许只有我们“老人家”才知道的趣事：从前，大多男人有四个口袋的中山装，其中，左上袋预留了插笔口，真的有不少男子为了显示斯文，在此插上一两支钢笔。于是，有了这么个笑话——插一支笔的，是初中生；插两支笔的，是高中生；那么插三支笔呢？哈哈，那是修钢笔的。

因为有着怀旧情结，直到今天，我还在用钢笔，并且觉得钢笔写出来的字，就是比水笔好看。但是，下一代可不一样，儿子考上大学，有亲朋送他钢笔作为礼物，他一次也没用过。水笔普及、电脑横行，钢笔渐渐退出书写舞台的中心，也是无可奈何的事情。正因此，听到“英雄”钢笔走出困境的故事，还是很高兴的。

20世纪上半叶，西洋东洋的商品在华倾销，激发了不少中国人的志气，一批民族企业就此诞生，英雄金笔厂的前身华孚金笔厂，是其中之一。在钢笔式微的今天，“英雄”要重振雄风，除了开拓创新之外，那一股振兴民族品牌的志气，不能丢。正所谓沧海横流，方显“英雄”本色。

2016年6月13日

还好我们有李安

华人能不能拍出征服全世界的电影？从前，这似乎是个问题，现在，李安的作品，给了中国电影人信心。还好我们有李安。

中国电影市场真是热得发烫啊，普华永道昨天在上海发布《2016—2020年全球娱乐及媒体行业展望》称，中国电影票房收入预计在明年超越美国，成为全球第一。诸如此类的消息，简直要冲昏电影人的头脑。也是昨天，也是在上海，儒雅至极的李安，用他特有的温和幽默的表达方式，给中国电影敲了警钟。李安的话，在朋友圈刷屏。还好我们有李安。

中国人口基数这么大，票房高，是理所当然的。电影市场财源滚滚，是好事不假。但若以为这就是成功，那实在是大谬。办电影节，并不是图个热闹；请那么多名人大咖来，也不只是请人家来捧场。我们既需要从众多国外名片中找差距，也需要有人泼冷水、敲警钟。还好我们有李安。

在资本狂舞于电影市场的当下，我并不奢望人人都听得进李安的话。只要有决策权的人和有艺术追求的人能听得进，就好了。

2016年6月14日

也是“发展的烦恼”

十几年前，第一次到西欧玩儿，当然算是开眼界的。但是，仅从城市面貌、发达程度而言，那时的上海已经很不差了。真的让我感到有巨大区别的，是人。人的差距，既体现在文明程度，也体现在生活态度。而生活态度的最大差别之一，是运动。如果要我列三个“发达”与“发展中”区别的标志，“运动”是其一。

是的，我对今天身边那么多朋友热衷于运动，是充满欢欣和赞赏的。曾几何时，马拉松只是专业运动员的事，但现在，我认识的朋友中，跑过“全马”的，就有近十位了，跑过“半马”的，更多。

在这样的背景下，运动损伤患者增多，是自然而然的事。如果没人运动，当然就没人损伤啊。因此，我觉得这也属于“发展的烦恼”。

可不可以这样说，我们现在进入了“全民运动”的初级阶段，好多人知道运动好，却缺乏相关的专业知识，甚至有个别人盲目跟风，你跑他跑我也跑。因此，“运动要讲科学”的提醒，很及时，也很必要。

最后，还是要说一句，运动的人越来越多，何其好啊！

2016 年 6 月 17 日

中医药的标准

最近,上海电台重播老艺人秦纪文先生的单档长篇弹词《再生缘》,30 多年后再追着听,真是如遇故人,滋味悠长。有一折,说到孟丽君化名郦明堂女扮男装,中了状元。太后病重,精通岐黄的孟丽君进宫施救,每日诊病开方,十天衣不解带,妙手回春。由此,孟丽君深获太后喜爱,并因太后庇护一再逢凶化吉。按下不表。

陈端生这部弹词,因了陈寅恪先生的《论再生缘》,名重学林。充满传奇的故事,自然是编的。但其中的细节,却十分真实。比如孟丽君给太后治病一节,就相当符合中医之理。

中医开方,讲究辨证施治,并没有“标准化”的药,但是,中医要走向世界,标准化之路是绕不开的。以前,曾用西医的标准来规范中医,自然行不通。中医药的标准,恐怕还得自成体系、自成一格才行。

就如西医治病也要因人而异,中医药的标准化,并非要改变辨证施治的传统,而是尽可能将中医药的诸多环节规范化。中医药标准的制订和完善,终将普惠世人。中医药的标准,应该由我们中国人来定。

2017 年 7 月 2 日

三个百分百

我读小学的时候，有一个忆苦思甜项目，是参观蕃瓜弄的滚地龙。其实，早在中华人民共和国成立之初，滚地龙里的市民们就搬进了新建的平房。我们参观的，是特意留下来的“标本”，当时，我和我的小伙伴们，都惊呆了。

因为曾被滚地龙的极端穷困破败震惊过，我是非常能体会穷苦市民从滚地龙搬进“二万户”的兴奋心情，那真叫“一个天一个地”。时代变迁，当年的“天”，又逐渐沦落为“地”。今天，上海人告别“二万户”，是一桩了不起的大好事。

杨浦区这次旧改，达到了意愿征询率、签约率、搬迁率三个百分百。这也很了不起。旧改、动迁，是极难啃的“骨头”，这三个百分百是怎么做到的呢？一句话——顺应民意。居民说，以前是“政府征收”，现在是“我要征收”。政府真心为人民办好事，人民不会不支持、不领情。

可能是因为实在太脏乱差、毫无改造利用的可能，我小时候参观的滚地龙早就拆掉了。现在，据说要留一些“二万户”下来，作为城市变迁的样本留存。我觉得，此意甚好。

2016 年 7 月 8 日

更要看到商机

前不久，一位年近九旬的前辈要出一本书，他把书稿快递给我，要我“提意见”，并嘱我阅毕快递还他。

这件小事说明，快递业早已“老少咸宜”。早在 2014 年，我国的快递业务量已居世界第一，这也带来一个大问题——快递包装污染。

快递业“过度包装”问题是很普遍，但是，为了保证商品完好无损，也是不得已而为之。因此，与其劝电商适度包装，不如发展绿色包装材料。

更要看到，快递量激增，对于包装材料的研发、生产而言，也是巨大商机。到以生意经为主的“百度”搜“快递包装”，第一屏，全是相关广告。其中有一条，倒也是有意思的信息：“2016 上海国际运输包装展览会”将于 9 月举行，将“集中展示物流运输循环使用的包装箱、围板箱、折叠箱、托盘、缓冲环保包装新材料及相关包装辅料”。你看，商家多么精明。

发展快递绿色包装，已成业内共识，所缺的是行业规范和相关法规。一旦政府在法律层面明确快递包装的“绿色门槛”，那么，先行一步的企业，肯定能赚得盆满钵满。

2017 年 7 月 12 日

想起卡伦·卡朋特

30多年前，国门甫启。听到卡伦·卡朋特的歌，如闻天籁。直到今天，仍是我最喜欢的女声。

后来，惊闻她因为要减肥，得厌食症而死。当年，处在票证时代的尾声，“侬发福了”，仍然跟“吃了吗”一样，是寻常问候语。西方人为什么要减肥，怎么会生“讨厌吃东西”的怪病，令我百思不得其解。

今天，减肥在我们这里，也早已成为潮流。我们说健身的急功近利，这个“功”和“利”，无一例外，都是减肥。

诚然，肥胖也是一种病，且危害不小。因此，在某种意义上说，减肥也可以算是健身之一种。但是，健身的目的，并不等于减肥，而是为了健康。如果因为要减肥，而采取了不科学的手段，损害了健康，甚至付出生命的代价，那完全是误入歧途、本末倒置了。

卡伦·卡朋特，非但不胖，甚至偏瘦，她竟然还要减肥。像她这样的人，今天在我们身边也有。我们大概很难回到以胖为美的大唐，但是，树立科学的健身态度，还是必须的，千万不要拿自己的健康和生命开玩笑。

2016年7月17日

长征精神

我知道的第一个西方记者，是埃德加·斯诺。他的《西行漫记》，多处写到长征，并在序言中写道："总有一天会有人写出这一惊心动魄的远征的全部史诗。"

我知道的第二个西方记者，是哈里森·索尔兹伯里。用今天的话说，他算是斯诺的"粉丝"，他用行动完成了前辈的心愿。1984 年，索尔兹伯里沿着长征路线，实地采访，爬雪山，过草地，穿激流，登险峰，历时 74 天。这一年，他已 76 岁。次年，《长征：前所未闻的故事》出版，轰动全球。

这两部传世之作，我一读再读，堪称是我学新闻的教科书。这两位美国记者，都被长征精神深深吸引。长征，就是这么有魅力。

今天，几十名上海年轻人启程重走长征路。今天的条件，跟 80 年前不可同日而语，与索尔兹伯里采访时比起来，也要好得多。但是，这一路走来，照样能体会到由理想主义支撑的不畏艰险、不怕牺牲的长征精神。

长征精神在今天，有什么现实观照？长征精神又是如何拨动今天的年轻人的心弦？我等待着年轻朋友们的答案。

2016 年 7 月 18 日

重视人口问题

我大学毕业不久，就被借调到上海第四次人口普查办公室，从事的工作，是写简报、搞宣传。对于人口学，我原一无所知，一年多工作下来，由于专业之隔，仍然是门外汉。倒是 1990 年 7 月 1 日上午，到巴金、张乐平、周小燕家里请他们填普查表的经历，让我回味至今。这段工作经历，也让我很早就认识到了人口学的重要性。

人口学的分析报告，往往充斥着数据，显得枯燥乏味。但其实，这些数字与我们每个人息息相关。比如，上海的人口红利会不会消失？何时消失？消失了怎么办？再比如，上海的老龄化程度究竟是不是像通常说的那么严重？我们应该如何应对？

这些问题，事关上海的发展大计，也事关每个市民的生活品质。

这些问题，可以由人口学专家来讨论并达成共识，供决策参考。但是，有两个事实是显而易见的：其一，我国经济 30 多年的高速增长，人口红利起到了至关重要的作用；其二，人口红利消失的拐点已经出现了。对此，我们要坦然接受，积极应对。

2016 年 7 月 23 日

依法治路

警察：没看见红灯吗？

司机：看见了。

警察：那你为什么还闯红灯？

司机：我没看见你。

……

以上是电台里播的一段公益广告。这段对话看似好笑，却相当精准地点到了一些人的穴位——他们不敬畏法律，只是怕警察扣分罚款。

三个多月的交通大整治，警方投入的人力之多，是有目共睹的，现在马路上多出来的那么多交通协管员，也为上海交通的顺畅作出了贡献。与此同时，大家都明白，靠“人海战术”，靠运动式执法，恐怕只能管一时，因此，上海也一直在研究交通整治的长效机制。

什么才是长效机制呢？一句话，要靠法治，而不是人治。

于是，今天上午市人大常委会会议审议《上海市道路交通管理条例（修订草案）》，就显得意义重大。我们希望，通过进一步完善交通管理条例，提高交通违法成本，细化交通管理措施，提升交通管理水准，从而让上海的交通秩序得到提升。

法律，既是用来惩恶，也是用来引导的。我们更希望，新的法规能深入人心，让遵守交规、依法行路成为每个人的自觉。

2016 年 7 月 25 日

人与动物

“獐头鼠目”“一丘之貉”,这两个成语,是从小就会用的。只是,最近才知道,獐和貉,都是上海的本土野生动物。它们一度从我们视野里消失,现在,它们不但回来了,而且因为没有“计划生育”,越来越多。我的同事陆梓华住的小区,竟然有几十只貉,成群结队出没,弄得人吓势势。

自从有了人,就有人与动物的关系,捕食动物,人进动物退,是数万年之恒常。只是到了 20 世纪,人类才猛然醒悟,把动物赶尽杀绝,是自取灭亡。于是,保护动物的观念深入人心。

说一说另一个“甜蜜的烦恼”: 因绒毛品质极佳而被滥捕滥杀的藏羚羊,经过多年的保护,数量急剧恢复,已达近 25 万头。但是,数量庞大的藏羚羊对天然草场造成了压力和破坏……

你看,保护生态的结果,却又破坏了生态,这个世界,从来就不是那么简单。野生动物的数量和活动范围,应该如何控制,恐怕会成为一个新的课题。

如果要用最简单的话来概述人与动物的关系,我以为应该是如下八个字——以人为本,和谐共存。

2016 年 7 月 26 日

移风易俗

老社长赵超构先生的办报思想，常学常新。比如，老社长定下“宣传政策，传播知识，移风易俗，丰富生活”十六字办报方针。我刚进报社时，觉得其中“移风易俗”四字，似乎有点过时，阿拉上海人，那么时尚那么新潮，又不像偏僻乡村，哪有封建旧风旧俗要移要易。后来，我发现，是我浅薄了。

上海进入深度老龄化社会，养老成为一个大难题。借用居民小区里或附近的旧房子，办“托老所”、养老院，是好办法。黄浦区的“一碗汤”养老院就是一个好案例。但是，谁料到，这样的好事，竟遭到一些居民的反对，他们嫌弃老人多病之身，他们惧怕常有老人去世，觉得这样“不吉利”。这种想法，不是正要移一移吗？我想，如果老社长健在，他应该会写一篇“未晚谭”，奉劝这些市民放下无谓的担忧，用豁达、科学的态度看待生老病死。

区区之笔力，不及老社长之万一，也想对这些朋友说，我们每个人，都要老的，家门口有养老机构在，非但不是晦气，实实在在，是一种福气啊。

2016 年 7 月 30 日

记住刘建航

刘建航院士，昨天远行，享年 88 岁。

大概，很多市民会觉得这个名字很陌生。但是，他的工作，他的功业，改变了上海，改变了上海人的生活方式。因此，我们称他“上海地铁之父”。

上海之变，是极为显著的：浦江两岸林立的高楼，也算是世界级景观；在上海地下的景观，同样是世界级的——总里程逾 600 公里的地铁系统，世界第一。

要知道，上海是长江入海冲积出来的平原，土层极软，是不适合造地铁的，有人喻之为“豆腐里打洞”，有人称之为“反转地球的难度”。这个世界级的难题，是刘建航院士率领团队，一步一步攻克的，他的功业，几乎惠及我们每一位上海人。今天，斯人虽逝，他的功业，还在延伸，再延伸。

刘建航院士，有着科学家低调、务实的杰出品质，他不居功，把“地铁之父”改为“地铁之兵”。我们，却不能因为他的低调，而忘记他。

我斗胆建议，能不能在地铁人民广场站，安放一座刘建航的雕像，让他微笑着看着人来人往，让来来往往的人们也看看他。

2016 年 8 月 1 日

垄断的嫌疑

昨天，滴滴出行宣布收购优步中国，如此一来，他们将占有中国专车市场超过90%的市场份额。关于垄断的质疑和担忧，也随之而起。

这个担忧和质疑，是有道理的。我国《反垄断法》规定垄断行为有三：经营者达成垄断协议；经营者滥用市场支配地位；具有或者可能具有排除、限制竞争效果的经营者集中。滴滴优步合并，算不算垄断行为，这个要由权威部门依法裁定。合并之后，两家公司即使仍然“独立经营”，会不会串通一气，合谋定价，来损害消费者和竞争对手的利益？不得不说，这种可能性是存在的。

“滴”“优”合体的消息一出，许多人叹息：“好日子到头了。”这个“好日子”指什么？就是专车公司烧钱，烧钱是不可持续的，专车经营回归正常，是题中应有之义。但是，我们要看到，专车业务能够发展得这么快，正是市场竞争结果。当一家公司的市场份额大到如此地步，我们必须警惕垄断行为的发生。也希望“滴”“优”合体之后，能以最大的诚意、优质的服务，摆脱垄断的嫌疑。

2016年8月2日

第一等好事

这个标题,来自一副随处可见的对联:“几百年人家无非积善,第一等好事只是读书。”它是谁创作的,已难考。

第一等好事只是读书,在封建时代,很是深入人心。当然,这里的“读书”,是含有“朝为田舍郎,暮登天子堂”之梦的。我们今天倡导读书,并不含有类似的功利目的。

自有了互联网,尤其是智能手机普及之后,时间被大量碎片化网络浏览占据,是不争的事实。即使在有着浓厚读书风气的德国、俄罗斯、日本等国,地铁上捧着手机的人,也远远多过读书的。上海当然也是一样。

那么,捧着手机的,有没有也在看书呢?大约总是有的。我们大可不必再纠结于纸质阅读与数字阅读的此消彼长,只要是读书,不管介质是什么,都是“第一等好事”。

读书,应该是一种生活习惯,而习惯是可以培养的。但是,对于不少人来说,培养习惯也要“跟风”,好多人吃个饭都要拍照发朋友圈的习惯不就是这样养成的吗?从这个意义上说,我们需要让“第一等好事只是读书”的观念,再一次深入人心。

2016 年 8 月 5 日

旧东西，新观念

这两天，有一个帖子转发者众。说的是一个很流行的节目《梦想改造家》，由又帅又酷又有才又有爱的设计师，将杂乱逼仄的蜗居改造成又时尚又温馨又实用的新巢。可是，当节目组回访却发现，蜗居的主人舍不得旧物，把装饰一新的房子塞得又满又乱。

硬要把难看的旧家具，搬进新装修的房子，这种事，在我的长辈身上，不止一次发生过。一般而言，总是小辈妥协。

说起来，似乎是长辈们不懂得断舍离，观念陈旧。旧东西嘛，不妨一扔了之。真的是这样吗？其实未必。从科学、环保的理念看，让旧东西继续"活"下去，而不是变成垃圾，这种做法非但不该抛弃，而且应该发扬。

当然，旧东西不是非要自己留着用，还可以流转。"跳蚤市场"风靡全球，正是这个道理。处理旧物，也要"互联网+"，但怎么玩，也有一个培育的过程。玩得好，应该是方向——"跳蚤市场"网上天天见。

处理旧东西，要有新观念、新做法。今天我们的报道，只是抛砖引玉，希望读者一起来议一议。

2016 年 9 月 20 日

总是去安慰

药到病除、妙手回春，几乎在每一家医院，都可以看到写着这些词汇的锦旗。确实，我们希望每一位医生都有妙手回春的绝技。当我们有了一点人生经验，就知道，在病魔面前，人力总是有限的。前一段时间，有一部纪录片很热，名叫《人间世》，其中最打动人的，是真实描绘了治疗失败、病人死亡的案例。

在医院各个科室中，肿瘤科恐怕是最令病人恐惧的所在。在第一人民医院，肿瘤病人都说丁红华医生有“魔法”。丁医生医术高明，延长了许多患者的生命。但是，她的病人，有不少还是被病魔夺去了生命。她的高明之处在于，让死亡的恐惧远离病人，给病人送去希望、勇气和对生命新的感悟，甚至有死者家属说，抗癌的历程，竟是快乐多于痛苦。于是，人们称丁医生为“天使”。

在医患关系总是成为热门议题的今天，我们既希望像丁红华这样的“天使”越来越多，也希望大家都能读到“天使”们的故事。

让我们再一次诵读这句医者名言：“有时去治愈，常常去帮助，总是去安慰。”

2016 年 9 月 27 日

江豚之死

有时候，两条新闻一起看，会别有一番滋味。

同在国庆假期，这边，志愿者在长江安徽段发现疑似白鳖豚，要知道，十年前，科学家已经宣布她功能性灭绝；那边，一篇作文在微信上流传，一个名叫苏子欣的小学三年级上海女孩，用文字追悼在启东海滩那头死去的江豚。

说实话，我开始是颇有点怀疑这篇作文的真实性的，因为子欣把江豚写成了“海豚”。好在，经同事陆梓华追踪采访，我们知道了事情的原委，还看到了一组现场图片。

昨天，我们先把陆梓华的报道发表在本报微信公号上，阅读、评论都不少，子欣之问，引起了共鸣。

虽然常识告诉我，因为滚滚长江携沙东去，在入海口周边，是不会有什么碧海金沙的，但是，启东海滩之脏，还是令人汗颜——我们怎么可以扔下这么多垃圾？这头可爱的江豚，就死于我们之手——她浑身被塑料袋缠绕……

有没有可能，在江豚的埋身之处，立一块碑，或做个雕塑，刻上子欣的这篇文章，警示世人。希望启东管理部门，能看到我们的报道和我的建议。

2016 年 10 月 10 日

不能承受之重

承重墙不能敲，早就是常识了。可是，问题仍然很严重。

有的事，害己，像吸毒，就要劝诫，甚至强戒；有的事，害人，像贩毒，就要依法严惩，最严重的，甚至处以极刑。有的事，看起来似乎只是个人生活习惯，但却害人害己，危害也很大，像酒驾。

是的，敲承重墙很像酒驾，看起来，是个人私事，但却严重地侵犯了他人的权益，并且，同样危及犯法者自身。跟酒驾不同的是，酒驾者只要“改邪归正”，即能远离危险。而承重墙敲掉以后，即使用砖重新砌上，也难以承受大楼之重了。从这个意思上看，是不是可以说，这种难以逆转的违法行为，危害更大？

但是，偏偏有些人为了一己私利，不顾他人以及自己和家人的生命、财产安全，照敲不误。怎么办呢？当然，首先是教育。但是，教育人，是个长期的过程。要快速见效，必须像整治酒驾一样，一方面制定严格的法规；一方面要严格执法。要让违法者接受他原本难以承受的重罚，才有威慑力。

承重墙，要让人不敢敲，才对。

2016 年 10 月 11 日

漫说"慢就业"

在信息爆炸的今天,常常会看到不同的新闻里"数字打架"。比如,每一年,我们都说是"大学毕业最难就业季",可是,到后来有的高校总是说就业率高达八九成云云。这几天,另一条新闻里的数字,又惊到了我——说是调查显示,有多达48%的95后选择不就业!连人民日报微信公号都转发了这条新闻,由不得你不信。

其实,随随便便发几份问卷或是在微信上弄个网友投票,得出来的数字,是当不得真的。近一半的95后大学生选择不就业?想想就不可能嘛。还是本报记者报道中的名词更科学些——"慢就业"。

如何看待这个现象,多数人是宽容以待,也有人不以为然。要判定一件事的是非,先要弄清这件事的原委。大学生选择"慢就业",他们意欲何为?从调查看,他们大多数的选择有三:继续深造、创业、间隔年(即就业前先作一次长途旅行)。孩子们作这样的选择,好像无可厚非;选择创业更应鼓励。至于真的不愿意上班,躺在家里吃房租,甚至啃老,毕竟是极少数了。

就业,慢些无所谓,但是,啃老不可取。

2016年10月15日

打通“断头路”

相对于“优步”“滴滴”“易道”等关于交通的“互联网+”项目，我更赞赏“摩拜”。

我国曾经是自行车大国，西方人难得有机会来北京或上海，都把浩浩荡荡的自行车洪流，视作“人类奇观”。现在，在微信上还有当年的照片流传。

不知不觉中，随着汽车的普及以及对快的追求，马路上的自行车越来越少了。据说，无动力的自行车占有率只有不到8%，也就是说，骑自行车出行的人，是极少数了。

现在，一则，“慢生活”概念渐渐深入人心；二则，绿色、环保的生活方式也成为年轻人的时尚。在这个背景下，“摩拜”应运而生，广受追捧。

骑自行车，最大的困扰，是常遇“断头路”。其实，路是通的，但是，骑着骑着，就不让骑了，只能眼睁睁看着汽车在身边呼啸而过。我们报社附近的几条马路，一多半，不让骑。

如果，我们的决策者也同样认为，“公交+骑行”是未来大都市出行的最佳方式，那么，就要想办法打通“断头路”，让骑车人骑得畅骑得爽。

2016年10月25日

跑步价值观

跑马拉松的人,真多。多到什么程度?在我的同事、同学、亲戚(不算其他朋友)中,跑过“全马”和“半马”的,已有近十人,甚至,还有人自费飞到国外参赛去了。据说,在网上报名跑马拉松,也是需要秒杀的。

与跑上海国际马拉松赛的浩荡洪流相映成趣的,是在我们的身边,跑步的人越来越多,一天24小时,大概总有近20小时,在马路上、公园里,能看到跑者的身影。一个城市,跑步的人多,就显得有朝气、有活力。

我很赞赏张路平先生关于“跑步价值观”的说法,他觉得,“超越了昨天的自己,哪怕只是一丁点,也是巨大的成就”。这当然很好。如果,仅仅是喜欢跑步,并不想超越自己或别人,只要带来健康和快乐,这样的价值观,同样好。喜欢跑步,比起耽于声色、溺于网游来,要好万倍。

喜欢跑步的人越来越多,作为城市管理者,也要上心,要为跑步者创造好的条件和环境。前几天,上海推出了赏秋地图,这说明申城越来越美。期待不久之后,能有跑步地图,更期待,申城的跑道越来越长。

2016年10月29日

神农精神

西风东渐百余年来,关于中医及中药的非议,是一直在的。流布最广的,是鲁迅先生的意见。先生的父亲,死于庸医之手,大抵是根由。这于情,合;而于理呢,则未必合。简单的逻辑是,西医也会有医疗事故,那么,是不是连西医也要否定呢?

即使在西方,对中医,也是持肯定态度的。屠呦呦获诺奖,是一例;更新的例子是——治感冒中药莲花清瘟胶囊在美国启动二期临床研究,这是我国率先进入美国食品药品监督管理局临床研究的大复方中药,有望明年进入美国市场。

所以,唱衰中医药的论调,可以休矣。

神农尝百草,虽然是神话,但最早的中药材,都是自然界野生的,应该是确实的。而随着人口增多、需求量大、环境改变,不少中药材需要种植,也是自然而然的事。所以,一味强调野生、天然,大可不必。然而,中药材要"地道",却是必需的。

现在,考量中药的材质,早已不必靠嘴尝,但神农尝百草的仁心和精神,则要传承下去。只有这样,才能使传统中医药发扬光大。

2016 年 11 月 5 日

小人书,大事业

小人书,原本是有特定涵义的,就是指盈盈一掌的连环画。现在,这种连环画还在出,但大多是大人的怀旧藏品,似乎,这种相对单调的形式,已经不大能吸引今天的孩子了。于是,我们不妨把小人书的概念引申开去——泛指儿童读物,即童书。

在我小时候,家里一本连环画要翻一年,小人书摊的进书速度也总是跟不上阅读的节奏。而现在,去书店看看,小人书真是铺天盖地,令人不禁羡慕起今天的孩子来。

据说,进入21世纪以来,出现了童书出版的"黄金十年"——全国581家出版社,有520多家出版童书;年出版童书4万多种,总量世界第一;年产值连续10年以两位数增长……孩子的钱真好赚。有些家长即使自己并不看书,也舍得花钱给孩子买书。这当然都是好事。但是,当什么人都想来分一杯羹,也必然会带来鱼目混珠、良莠不齐的问题。家长为孩子选书,确实需要眼光了。

在此,也想对出版界的朋友说一句,做童书,不能只当生意做,更要当事业做。

2016年11月13日

终身教育

终身教育这个理念提出至今，已有约半个世纪，现在已在全球达成共识。

先放眼世界，有的国家将其纳入宪法，有的颁行了专门的法律，也有的成立专门的政府机构。

再回看身边，就在这两天，长三角的相关新闻就不少：北边的南京，举办了“2016 构建终身学习立交桥和学分银行系统学术论坛”，来自美国、英国、韩国、日本、中国的专家分别作了主题报告；南边的杭州，“联合国教科文组织全球学习型城市网络第一届成员大会”开幕，联合国教科文组织终身学习研究所专家前来调研。

在上海，终身教育的理念早就深入人心，通宵报名上老年大学的新闻，时常见诸报端。当然，终身学习绝不是从退休才开始，也不仅限于老年大学。社区教育正是终身教育的重要载体。但显然，社区学校不如老年大学那么热门，那么受欢迎。

社区教育，并不只是吹拉弹唱、琴棋书画，而是要放到建设学习型社会的高度来认识，要用创新思维将其办活、办好。

2016 年 11 月 26 日

重在教育

今天,我收到了一份特别的礼物,系里的邵京老师,把我的大学成绩单的备份原件送给了我。这份近30岁的"文物",勾起了我很多回忆。其中有一门课,是大四上的,叫"英文报刊文选",任课老师,姓隋,是名作家戴厚英的女婿。隋老师刚刚从美国留学回来,开这个课,很是胜任。有一节课,是说美国防治艾滋病的事,让我们大长了见识。当年,对艾滋病、同性恋之类,还讳莫如深,因此,下课了,隋老师亲自把他的板书擦干净,免生是非。对这个细节,我印象太深了。

时至今日,相关字眼、相关话题早就不是禁区了。我们既不必闻艾色变从而避而不谈,也不要夸大事实弄得人心惶惶。高校里,都是年轻人,大学生的性观念又比其他群体开放,所以,为大学生筑起防护艾滋病的安全网,就成为必须。

要筑防艾安全网,教育是最重要的。

2016年12月3日

跋

先说个小故事。

某天中午，我接到一个电话，来电者，是时任新民晚报副总编的朱大建。朱大建，1995 年任报社领导，才四十出头。当年报社领导都不叫官职，年龄相仿的，直呼大建，年轻些的，叫朱老师。他跟我打电话，第一句总是："我是朱老师。"

这天，朱老师值班审大样。他来电说，我的一篇稿子他觉得要改两个字，问我可不可以。我一口应承，马上改了。

值班总编改稿子，天经地义，朱老师特意来电征求意见，我颇有几分受尊重的得意。不料，这天下午两点多，朱老师又发来短信，向我"道歉"。大意是说，他后来想了一想，他改的地方，其实不改也可以，他想想后悔，特此致歉。收到这个短信，我又窘，又感动。

朱老师改的，正是一篇"微评"。

接下来，说说"微评"的缘起。第一个跟我提出要设这样一个栏目的，是文汇报老报人郑重先生。

我是 1999 年 1 月从人民日报调新民晚报工作的。彼时，文汇报和新民晚报刚刚合并，成立了"文汇新民联合报业集团"，这样，文汇报的同行，便成了一个集团的同事，并同在一个楼里办公。郑重先生已退休，他有事回报社时，也会顺便到晚报办公室弯一弯，会会旧雨新知。我认识郑重先生,倒不在文新大楼,而是同为“上博之友”,参加上海博物馆的活动。郑重先生现在已经是文博、书画界的大家、权威,出版了好几部著作,在圈子里名气大、声望高。不过,在我眼里,他首先是记者,是报人。所以,我也常常向他请教怎样当记者,如何办报纸。我调任评论部工作后,他跟我说,原来上海三张主要报纸头版上都有小言论,这是版面的眼睛,也是报纸的灵魂,现在好像都没有了,很可惜。他建议我在晚报头版上恢复之。

郑重先生的话,当然是行家之言。说起来,我在任职评论部之前,是新民晚报的头版编辑。大约在 2000 年底,我“自说自话”,在头版上开了一个“编辑点评”的小栏目,用“江砚”之名,写一些两三百字的小东西,这个“创新”,还颇得到了一些前辈、同行的谬赞。其中,赵超构先生的女儿赵刘芭老师和评论家吴兴人先生对我鼓励最多。后来,我不编头版了,这个小专栏也随之消失。编了二十多年报纸,我一向觉得,一个版面上,有一块“活体字”(报纸上言论用楷体排印,业内如此称之),立刻就“活”了。

正巧,报社领导也有在头版恢复评论专栏的设想,与郑重先生不谋而合。当时,微博正火,甚至有“围观改变中国”之谓,140 字一条的规矩,也令人印象深刻,我仿之,起名“微评”,获准。后来,微信诞生,席卷而来,不仅把中老年也一网打尽,甚至改变了媒体传播的格局和生态。真是“怎一个微字了得”。

2011 年 2 月 16 日,“微评”开张。我写了“开栏的话”,很短,转录如下:

“微评”新开张。今起，评论栏目重返新民晚报头版。

头版有评论，乃新民之传统。原头版评论栏目“今日论语”已移至评论版头条，今日新设的“微评”专栏，既是应读者之吁，亦为传承之举。“微”者，短也。所载评论，不求长，拟400字上下，一得之见，点到即止。敬请读者垂注、指正。

当时，晚报的几位正副总编辑，都率先垂范，参与“微评”写作。当然，领导比较忙，我写得多一些，大约总在一半以上。几年写下来，总数近六百篇，这里选了三百余篇，而“微评”的字数，一般都是三百多字。由这两个“三百多”，我取书名《微三百》，也是因为我喜欢孔老夫子的名言：“诗三百，一言以蔽之，曰思无邪。”

我写“微评”，虽然多为领导命题，但写得自由自在，这都要仰仗新民晚报非常宽松民主的办报氛围。本文开头的小故事，正是说明了这一点。在此，我要感谢晚报诸位领导对我的宽容和厚爱，也要感谢执编晚报头版的吴迎欢、任湘怡、钱滢瓅等编辑老师的负责和辛劳。

正因为能自由地写作，我就试着“螺蛳壳里做道场”，我希望，三四百字的短文章，也不要一览无余，而要曲折多姿，就如同我钟爱的苏州园林一般。于是，我在写这些新闻短评时，往往会先扯一些旧人旧事，我的师长亲朋，也纷纷出现在文章里。这么写，于私，颇有雪泥鸿迹之意，于公呢，我希望能让读者读来轻松、亲切。当然，这只是我的个人追求，或者说是一厢情愿，这么做，对不对，好不好，评判权在读者手里。

因为郑重先生是最早提出在头版上恢复小言论专栏的，因此，我斗胆请郑先生作序，我觉得他是最合适的人选。先生俯允，令我异常欣喜。先生的行止和文笔，虽不能至，心向往之。周克希先生，由数学家而翻译家，几成传奇。周先生是锤炼文字的大家，有《译边草》《译之痕》为证。“无一賸字”，是先生对我这些小文章的谬赞。先生又写了条幅赐我，成为我最钟爱的墨宝。我把这四个字印在书里，作为今后的目标。在此，向郑先生周先生鞠躬致谢。

感谢钱文忠先生题写书名。文忠兄会得实在太多，名气实在太大，字写得好，倒鲜为人知了。感谢陆加梅女士赐刻书名印章。身为医生，加梅的文章、诗词和篆刻都出手不凡，真是令人赞叹。

感谢东方出版中心接纳这些小文章。感谢邵竟兄把小书打扮得简洁雅致。

最后要由衷感谢的，是新民晚报的老读者。在纸媒式微的今天，你们仍然不离不弃，令我们温暖、感动。你们是我写文章、编报纸的主心骨。有你们在，我们会坚持。

2017 年 8 月 25 日

图书在版编目(CIP)数据

微三百 / 江砚著. —上海：东方出版中心，2018.4

ISBN 978-7-5473-1224-7

Ⅰ.①微… Ⅱ.①江… Ⅲ.①时事评论—中国—文集 Ⅳ.①D609.9-53

中国版本图书馆 CIP 数据核字(2017)第 300716 号

微三百

出版发行：东方出版中心
地　　址：上海市仙霞路 345 号
电　　话：(021)62417400
邮政编码：200336
经　　销：全国新华书店
印　　刷：上海天地海设计印刷有限公司
开　　本：890×1240 毫米　1/32
字　　数：251 千字
印　　张：11.75
插　　页：2
版　　次：2018 年 4 月第 1 版第 1 次印刷
ISBN 978-7-5473-1224-7
定　　价：42.00 元

东方出版中心邮购部　电话：(021)52069798